中财传媒版 2020年注册会计师全国统一考试辅导系列丛书



# 审计全真模拟试题

财政部中财传媒 注册会计师考试辅导丛书编写组 编

中国财经出版传媒集团
中国财政经济出版社

**图书在版编目（CIP）数据**

审计全真模拟试题／财政部中财传媒 注册会计师考试辅导丛书编写组编．
--北京：中国财政经济出版社，2020.3
（中财传媒版2020年注册会计师全国统一考试辅导系列丛书）
ISBN 978-7-5095-9633-3

Ⅰ.①审… Ⅱ.①财… Ⅲ.①审计-资格考试-习题集
Ⅳ.①F239-44

中国版本图书馆CIP数据核字（2020）第029407号

责任编辑：李 媛 赵天天　　　　责任校对：杨瑞琦

中国财政经济出版社 出版
**URL**：http：//www.cfeac.com

社址：北京市海淀区阜成路甲28号 邮政编码：100142
营销中心电话：010-88191552
天猫网店：中国财政经济出版社旗舰店
https：//zgczjjcbs.tmall.com
北京中兴印刷有限公司印刷 各地新华书店经销
787×1092毫米 16开 11印张 264 000字
2020年3月第1版 2020年3月北京第1次印刷
定价：28.00元
ISBN 978-7-5095-9633-3
（图书出现印装问题，本社负责调换）
质量投诉电话：010-88190744
**打击盗版举报热线：010-88191661、QQ：2242791300**

# 前言 Preface

为帮助广大考生全面理解2020年注册会计师考试大纲和考试教材内容，在有限的复习时间内掌握教材的重、难点知识，顺利通过考试。中国财经出版传媒集团组织常年从事注册会计师考试辅导的名师、专家编写了“中财传媒版2020年注册会计师全国统一考试辅导系列丛书”。该系列丛书包括“应试指导”“要点随身记”“通关题库”和“全真模拟试题”四个系列，涵盖了专业阶段考试的六个科目，即会计、审计、财务成本管理、经济法、税法和公司战略与风险管理。

**1. “应试指导”系列：** 紧扣2020年考试大纲和考试教材内容，考点精炼、结构合理，对考试有极强的指导性，帮助考生全面掌握教材精髓。在编写结构的设计上，根据考生的学习特点和备考要求，分为“命题规律及考试趋势预测”“各章考点精讲精练”“跨章节综合题演练”三个部分。

**2. “要点随身记”系列：** 根据每章重要考点整理而成的备考“红宝书”，涵盖知识点全面，易于携带，旨在帮助考生更便捷地预习、复习和记忆考点内容，合理利用碎片化的时间，积少成多，掌握记忆教材核心知识点。

**3. “通关题库”系列：** 包含大量针对性极强的练习题和对应的答案解析，帮助考生通过习题演练巩固理解知识点，更熟练地应用教材知识点解决实际题目中的问题。

**4. “全真模拟试题”系列：** 在对历年考试试题进行分析归纳和命题趋势总结的基础上，由多名具备注册会计师资格的辅导专家精心设计了八套全真模拟试题，考生可以在充分复习教材内容的基础上，按照模拟考试时间及要求，进行热身训练，积累实战经验。

注册会计师考试辅导书市场品种繁多，但质量良莠不齐。考生在选择教辅时常常陷入盲目。该系列丛书利用作为教材出版单位的独特优势，在第一时间邀请注册会计师考试辅导专家编写，秉承“应试”“精练”的核心思想，力求帮助考生以最少的精力取得最大的效果，实现高效学习、顺利通关，是考生学习备考的第一选择。

最后，衷心祝愿各位考生顺利通过2020年注册会计师考试。

**编写组**

2020年3月

Contents

# 目录

# 2020年注册会计师全国统一考试
# 《审计》全真模拟试题（一）

**一、单项选择题**（本题型共25小题，每小题1分，共25分。每小题只有一个正确答案，请从每小题的备选答案中选出一个你认为正确的答案，用鼠标点击相应的选项。）

1. 下列关于财务报表审计业务和审阅业务对比的陈述正确的是（　　）。

A. 审计要求获取的证据比审阅要多

B. 审阅检查风险较低，审计检查风险较高

C. 审阅业务只执行询问程序和分析程序，不实施其他程序

D. 审计获取的保证程度显著低于审阅

2. 下列有关职业怀疑的说法中，错误的是（　　）。

A. 注册会计师应当在整个审计过程中保持职业怀疑

B. 保持职业怀疑是注册会计师的必备技能

C. 保持职业怀疑可以使注册会计师发现所有由于舞弊导致的错报

D. 保持职业怀疑是保持审计质量的关键要素

3. 下列有关实质性分析程序的说法中，错误的是（　　）。

A. 实质性分析程序达到的精确度低于细节测试

B. 实质性分析程序提供的审计证据是间接证据，因此无法对相关财务报表认定提供充分、适当的审计证据

C. 实质性分析程序并不适用于所有财务报表认定

D. 注册会计师可以对某些财务报表认定同时实施实质性分析程序和细节测试

4. 下列有关实质性程序时间安排的说法中，错误的是（　　）。

A. 控制环境和其他相关的控制越薄弱，注册会计师越不宜在期中实施实质性程序

B. 注册会计师评估的某项认定的重大错报风险越高，越应当考虑将实质性程序集中在期末或接近期末实施

C. 如果实施实质性程序所需信息在期中之后难以获取，注册会计师应考虑在期中实施实质性程序

D. 如果在期中实施了实质性程序，注册会计师应当针对剩余期间实施控制测试，以将期中测试得出的结论合理延伸至期末

5. 下列关于函证的说法中，正确的是（　　）。

A. 如果银行存款余额较小，那么注册会计师可以不对该账户余额函证

B. 注册会计师通常在资产负债表日函证资产负债表日的应收账款

C. 当被询证者通过电子邮件回函时，注册会计师可以通过电话联系被询证者，确定被询证者是否发送了回函及金额是否正确。必要时，注册会计师可以要求被询证者提供回函原件

D. 对于不存在大量错误的，注册会计师可以考虑采用消极的函证方式

6. 下列选项一般情况下不作为函证对象，如果作为函证对象，主要是为了增加审计程序的不可预见性的是（　　）。

A. 大额的应收账款项目

B. 交易频繁但期末余额较小的项目

C. 低于以前设定的重要性水平而未被测试过的应收账款项目

D. 子公司的应收账款项目

7. W 公司财务人员每月与前 35 名主要客户对账，如有差异进行调查。A 注册会计师以与各主要客户的每次对账为抽样单元，采用非统计抽样测试该控制，确定最低样本数量时可以参照的控制执行频率是（　　）。

A. 每月 1 次　　B. 每周 1 次　　C. 每日 1 次　　D. 每日数次

8. 关于审计的固有限制，下列说法中错误的是（　　）。

A. 审计的固有限制可能源于财务报告的性质

B. 审计的固有限制可能源于审计程序的性质

C. 审计的固有限制可能源于在合理的时间内以合理的成本完成审计的需要

D. 审计的固有限制可能源于项目组成员素质和能力的不足

9. 下列关于三方关系人的说法中，正确的是（　　）。

A. 三方关系人包括注册会计师、责任方和管理层

B. 如果业务不存在除责任方之外的其他预期使用者，那么该业务也构成一项鉴证业务

C. 鉴证业务还会涉及委托人，委托人就是唯一的预期使用者

D. 如果鉴证业务服务于特定的使用者或具有特殊目的，注册会计师可以很容易地识别出预期使用者

10. 注册会计师应当将达成一致意见的审计业务约定条款记录于审计业务约定书或其他适当形式的书面协议中。下列不属于审计业务约定书基本内容的是（　　）。

A. 财务报表审计的目标

B. 指出用于编制财务报表所适用的财务报告框架

C. 审计收费

D. 在首次接受委托时，对与前任注册会计师沟通的安排

11. 下列有关收入确认的舞弊风险的说法中，错误的是（　　）。

A. 关联方交易比非关联方交易更容易增加收入的发生认定存在舞弊风险的可能性

B. 如果被审计单位已经超额完成当年的利润目标，但预期下一年度的目标较难达到，表明收入的截止认定存在舞弊风险的可能性较大

C. 如果被审计单位采用完工百分比法确认收入，且合同完工进度具有高度估计不确定

性，表明收入的准确性认定存在舞弊风险的可能性较大

D. 对于以营利为目的的被审计单位，收入的发生认定存在舞弊风险的可能性通常大于完整性认定存在的舞弊风险

12. 下列有关对违反法律法规责任的说法中，错误的是（　　）。

A. 注册会计师没有责任关注被审计单位对法律法规的遵守情况

B. 在治理层的监督下确保被审计单位的经营活动符合法律法规的规定是管理层的责任

C. 财务报表定期审计制度会对被审计单位的违反法律法规行为起到一定的威慑作用

D. 许多法律法规主要与被审计单位经营活动相关，通常不影响财务报表，且不能被与财务报告相关的信息系统所获取

13. 注册会计师在确定财务报表整体的重要性时通常选定一个基准。下列各项因素中，在选择基准时不需要考虑的是（　　）。

A. 被审计单位所处的生命周期阶段

B. 被审计单位的所有权结构和融资方式

C. 基准的相对波动性

D. 基准的重大错报风险

14. 注册会计师对投资业务实施实质性程序后，如果注册会计师推断的总体误差超过可容忍误差，经重估后的抽样风险不能接受，注册会计师（　　）。

A. 应当增加样本量或执行替代审计程序　B. 应考虑增加样本量或修改审计程序

C. 建议管理层调整财务报表　D. 发表保留意见或否定意见

15. 针对存货监盘程序，以下与存货的存在认定不相关的是（　　）。

A. 从存货盘点记录中选取项目追查至存货实物

B. 从存货实物中选取项目追查至存货盘点记录

C. 在存货盘点过程中关注存货的移动情况

D. 在存货盘点结束前再次观察盘点现场

16. 下列属于固定资产实质性程序的是（　　）。

A. 检查固定资产的取得和处置是否均依据预算制度的规定

B. 关注固定资产的有关授权批准制度是否得到切实执行

C. 对融资租赁增加的固定资产，获取融资租入固定资产的相关证明文件，检查其相应的会计处理是否正确

D. 检查固定资产的取得、记录、保管、使用、维修、处置等是否有明确的责任划分

17. 下列各项情形中，不属于导致注册会计师不得利用内部审计工作的是（　　）。

A. 内部审计不受重视导致其不足以支持内部审计人员客观性

B. 内部审计人员缺乏足够的胜任能力

C. 内部审计没有采用系统、规范化的方法

D. 评价收集的审计证据时，存在较多判断

18. 下列有关注册会计师使用非统计抽样实施细节测试的说法中，错误的有（　　）。

A. 注册会计师增加单独测试的重大项目，可以减少样本规模

B. 在定义抽样单元时，注册会计师也应考虑实施计划的审计程序获替代程序的难易程度

C. 在确定可接受的误受风险水平时，注册会计师无需考虑针对同一审计目标的其他实质性程序的检查风险

D. 注册会计师根据样本中发现的错报金额推断总体错报金额时，可以采用比率法或差额法

19. 为审查被审计单位是否是将验收报告与进货发票相核对后才核准支付采购货款，注册会计师抽查发票及其有关的验收单据时，不属于“误差”的是（　　）。

A. 未附验收单据的发票

B. 发票虽附有验收单据，但该单据却属于其他发票

C. 发票与验收单据所记载的数量不符

D. 每张凭单上均附有验收报告及发票

20. 下列有关注册会计师利用外部专家工作的说法中，错误的是（　　）。

A. 外部专家需要遵守适用于注册会计师的相关职业道德要求中的保密条款

B. 外部专家不受会计师事务所按照质量控制准则制定的质量控制政策和程序的约束

C. 专家实施的审计程序构成审计工作的必要组成部分，而不是就某一事项提供建议

D. 如果注册会计师决定明确自身与专家各自对审计报告的责任，应当在无保留意见的审计报告中提及专家的工作

21. 下列关于内部控制缺陷整改的说法中，正确的是（　　）。

A. 如果被审计单位在基准日后对存在缺陷的控制进行了整改，整改后的控制运行了足够长的时间，注册会计师即可将其视为内部控制在基准日不存在重大缺陷

B. 注册会计师确定整改后控制运行的最短期间需要根据控制的性质和与控制相关的风险，无须运用职业判断

C. 只要被审计单位在基准日前对存在重大缺陷的内部控制进行了整改，注册会计师即可得出整改内部控制有效的审计结论

D. 如果被审计单位在基准日前对存在重大缺陷的内部控制进行了整改，但新控制尚没有运行足够长的时间，注册会计师应当将其视为内部控制在基准日存在重大缺陷

22. 注册会计师分别针对被审计单位中期和年度财务报表出具了不同的审计报告。会计师事务所在进行最终业务档案的归整工作时，应当（　　）。

A. 将其视为单独的业务，根据制定的政策和程序，在规定的归档期限内分别完成最终业务档案的归档工作

B. 将其视为不同的业务，根据制定的政策和程序，在规定的归档期限内分别完成最终业务档案的归档工作

C. 将其视为完整的业务，根据制定的政策和程序，在规定的归档期限内完成最终业务档案的归档工作

D. 将其视为单独的业务，根据制定的政策和程序，在规定的归档期限内一同完成最终业务档案的归档工作

23. 在业务执行中，针对项目组内部、项目组与被咨询者之间及项目合伙人与项目质量控制复核人员之间的意见分歧。下列说法中不恰当的是（　　）。

A. 会计师事务所应当制定政策和程序以处理和解决意见分歧

B. 形成的结论应当记录和执行

C. 出现意见分歧是不正常现象，影响审计效果及效率

D. 只有意见分歧问题得到解决，项目合伙人才能出具审计报告

24. 关于集团项目组对集团财务报表的责任，下列说法中，错误的是（　　）。

A. 基于集团审计目的，组成部分注册会计师对组成部分财务信息执行相关工作，则应对其在审计组成部分财务信息中发现的所有问题、得出的结论或形成的意见负责，集团项目组不对组成部分财务信息的审计意见承担任何审计责任

B. 集团项目组及其所在的会计师事务所对集团财务报表实施的审计工作、发表的审计意见承担全部责任

C. 如果集团项目组利用组成部分注册会计师工作后对集团财务报表发表了不恰当审计意见，则重要组成部分注册会计师可能被追究承担相应的连带责任

D. 如果组成部分注册会计师对组成部分财务信息执行相关工作得出不恰当审计结论，即使集团项目组利用了组成部分注册会计师审计结论，组成部分注册会计师仍然不需要对集团财务报表审计负责，集团项目组及其会计师事务所应当对集团财务报表审计工作以及发表的审计意见负责

25. 下列有关前后任注册会计师的说法中，正确的是（　　）。

A. 前任注册会计师包括对前期财务报表执行审阅的注册会计师

B. 在未发生会计师事务所变更的情况下，同处于某一会计师事务所的先后负责同一审计项目的不同注册会计师不属于前后任注册会计师的范畴

C. 在发生会计师事务所变更的情况下，先后就职于不同会计师事务所的同一注册会计师不属于前后任注册会计师的范畴

D. 如果委托人在相邻两个会计年度中连续变更多家会计师事务所，前任注册会计师不包括在后任注册会计师之前接受业务委托对当期财务报表进行审计但未完成审计工作的会计师事务所

**二、多项选择题**（本题型共 10 小题，每小题 2 分，共 20 分。每小题均有多个正确答案，请从每小题的备选答案中选出你认为正确的答案，用鼠标点击相应的选项。每小题所有答案选择正确的得分；不答、错答、漏答均不得分。）

1. 下列控制活动中，不属于检查性控制的有（　　）。

A. 信息技术部根据人事部提供的员工岗位职责表在系统中设定用户权限

B. 仓库管理员根据经批准的发货单办理出库

C. 采购部对新增供应商执行背景调查

D. 财务人员每月末与客户对账，并调查差异

2. 下列各项中，属于审计业务要素的有（　　）。

A. 审计证据　　B. 财务报表编制基础

C. 审计业务的三方关系人　　D. 审计报告

3. 如果注册会计师已获取有关控制在期中运行有效性的审计证据，通常还应实施的审计程序有（　　）。

A. 获取这些控制在剩余期间变化情况的审计证据

B. 仅获取这些控制在期末运行有效性的审计证据

C. 如果存在自动化信息，需要获取信息技术一般控制变化情况的审计证据

D. 确定针对剩余期间还需获取的补充审计证据

4. 关于实施分析程序，下列说法中恰当的有（　　）。

A. 风险评估阶段，分析程序能够用来了解被审计单位及其环境，识别财务报表层次重大错报风险

B. 注册会计师了解及测试内部控制时均不适合采用分析程序

C. 如果实施实质性分析程序比细节测试更能有效地将认定层次的检查风险降至可接受的低水平，则可采用实质性分析程序

D. 总体复核阶段对特定账户余额和披露实施分析程序，能够达到与实质性程序一样的保证水平

5. 注册会计师应当针对评估的由于舞弊导致的财务报表层次重大错报风险确定总体应对措施，下列表述恰当的有（　　）。

A. 注册会计师应当针对评估的由于舞弊导致的财务报表层次重大错报风险确定总体应对措施

B. 评价被审计单位对会计政策的选择和运用，是否可能表明管理层通过操纵利润对财务信息作出虚假报告

C. 在选择审计程序的性质、时间安排和范围时，增加审计程序的不可预见性

D. 针对由于舞弊导致的认定层次重大错报风险，注册会计师应当考虑设计询证函以获取更多的相互印证的信息

6. 以下审计证据中，不应当记录于审计工作底稿中的是（　　）。

A. 制定总体审计策略初步思考的记录

B. 资产减值测试的草稿

C. 有关重大事项的会议记录

D. 重复获取的销售合同的复印件

7. 下列各项关于注册会计师与治理层、管理层对舞弊的责任的说法中，正确的是(　　)。

A. 由于审计的固有限制，即使注册会计师按照审计准则的规定恰当计划和执行了审计工作，也不可避免地存在财务报表中的某些重大错报未被发现的风险，因此注册会计师不能对财务报表整体不存在重大错报提供合理保证

B. 被审计单位治理层和管理层对防止或发现舞弊负有主要责任

C. 治理层的监督不包括考虑管理层凌驾于控制之上或对财务报告过程施加其他不当影响的可能性

D. 对舞弊进行防范，可以减少舞弊发生的机会，对舞弊进行遏制，能够警示被审计单位人员不要实施舞弊，因此，管理层高度重视对舞弊的防范和遏制是非常重要的

8. 为证实被审计单位应付账款的发生和偿还记录是否完整，应实施适当的审计程序，以查找未入账的应付账款。以下各项审计程序中，可以实现上述审计目标的有（　　）。

A. 结合存货监盘，检查被审计单位在资产负债表日是否存在有材料入库凭证但未收到购货发票的业务

B. 抽查被审计单位本期应付账款明细账贷方发生额，核对相应的购货发票和验收单据，确认其入账时间是否正确

C. 检查被审计单位资产负债表日后收到的购货发票，确认其入账时间是否正确

D. 检查被审计单位资产负债表日后应付账款明细账借方发生额的相应凭证，确认其入账时间是否正确

9. 被审计单位实行实地盘存制。注册会计师在复核2020年1月2日对被审计单位的存货监盘备忘及相关审计工作底稿时，注意到以下情况，其中做法不正确的有（　　）。

A. 监盘前将检查范围告知被审计单位，以便其做好相关准备

B. 索取全部盘点表并按编号顺序汇总后，进行账账、账实核对

C. 检查后将检查记录交予被审计单位，要求被审计单位据以修正盘点表

D. 未能监盘期初存货，根据期末监盘结果倒推存货期初余额，并予以确认

10. 下列各项中，属于评价专家的工作结果或结论的相关性和合理性时，注册会计师可能需要考虑的因素是（　　）。

A. 专家提交其工作结果或结论的方式是否符合专家所在的职业或行业标准

B. 假设和方法是否与管理层的假设、方法相一致，如果不一致，差异的原因及影响

C. 专家的工作结果或结论是否适当考虑了专家遇到的错误或偏差情况

D. 专家的工作结果或结论是否得到清楚的表述，包括提及与注册会计师达成一致的目标，执行工作的范围和运用的标准

**三、简答题**（本题型共6小题36分。其中一道小题可以选用中文或英文解答，如使用英文解答，须全部使用英文，答题正确的，增加5分。请仔细阅读答题要求。本题型最高得分为41分。）

1. 华隆银行是A股上市公司，系PHYD会计师事务所的常年审计客户。ABC咨询公司是PHYD会计师事务所的网络事务所。PHYD会计师事务所委派A注册会计师担任华隆银行2019年财务报表审计项目合伙人。在对华隆银行2019年度财务报表执行审计的过程中存在下列事项：

（1）ABC咨询公司的合伙人F的父亲持有华隆银行债券，截至2019年12月31日，这些债券市值为10 000元。合伙人F自2019年5月1日开始为华隆银行的子公司提供营改增税务咨询服务，但在服务过程中不承担管理层职责。

（2）A注册会计师的妻子于2019年1月8日按正常商业条件在华隆银行开立账户，并购买10 000元华隆银行公开发行的3个月期非保本浮动收益型人民币理财产品。该理财产品主要投资于各类债券基金。

（3）2018年5月起，PHYD会计师事务所合伙人担任华隆银行子公司戊公司的董事会秘书。

（4）2019年9月，华隆银行在海外设立子公司，聘请ABC公司提供设立申请服务，以及业务流程和财务流程文档的编制服务。

（5）事实上，A注册会计师在2013年至2017年期间连续签署了华隆银行5年审计报告，未参与华隆银行2018年度财务报表审计。

要求：针对上述第（1）至（5）项，逐项指出是否可能存在违反中国注册会计师职业道德守则有关独立性规定的情况，并简要说明理由。

2. B股份有限公司（以下简称“B公司”）主要经营中小型机电类产品的生产和销售，

产品销售以B公司仓库为交货地点。B公司目前主要采用手工会计系统。ABC会计师事务所接受委托审计B公司2019年度财务报表，C和D注册会计师负责于2019年10月25日至11月10日对B公司的购货与付款循环的内部控制进行了解、测试与评价。

通过对B公司内部控制的了解，C和D注册会计师在审计工作底稿中记录了所了解购货与付款循环相关的内部控制程序，部分内容摘录如下：

（1）对需要购买的已经列入存货清单的项目由仓库负责填写请购单，对未列入存货清单的项目由相关需求部门填写请购单。每张请购单须由对该类采购支出预算负责的主管人员签字批准。

（2）采购部收到经批准的请购单后，由其职员E进行询价并确定供应商，再由其职员F负责编制和发出预先连续编号的订购单。订购单一式四联，经被授权的采购人员签字后，分别送交供应商、负责验收的部门、提交请购单的部门和负责采购业务结算的应付凭单部门。

（3）验收部门根据订购单上的要求对所采购的材料进行验收，完成验收后，将原材料交由仓库人员存入库房，并编制预先连续编号的验收单交仓库人员签字确认。验收单一式三联，其中两联分送应付凭单部门和仓库，一联留存验收部门。

（4）应付凭单部门核对供应商发票、验收单和订购单，并编制预先连续编号的付款凭单。在付款凭单经被授权人员批准后，应付凭单部门将付款凭单连同供应商发票及时送交会计部门，并将未付款凭单副联保存在未付款凭单档案中。会计部门收到附供应商发票的付款凭单后应及时编制有关的记账凭证，并登记原材料和应付账款账簿。

（5）公司每半年对全部存货盘点一次，编制盘点表。会计部门与仓库在核对结存数量后，向管理层报告差异情况及形成原因，并经批准后进行相应处理。

要求：针对资料第（1）至（5）项，假定不考虑其他条件，请逐项判断B公司上述已经存在的内部控制程序在设计上是否存在缺陷。如果存在缺陷，请分别予以指出，并简要说明理由，提出改进建议。

3. A注册会计师作为BMW会计师事务所指派的兴旺公司2019年度财务报表的审计项目合伙人，确定的财务报表整体重要性水平为100万元，A注册会计师在审计过程中遇到以下情况：

（1）兴旺公司于2019年11月20日发现2018年漏记固定资产折旧费用200万元。编制2019年度财务报表时，兴旺公司更正了与此项会计差错相关的对应数据，并在财务报表附注中进行了适当的披露，但拒绝追溯调整2018年度财务报表。

（2）兴旺公司2019年度确认的赊销收入为2 000万元，在按规定弥补以前年度亏损后，当年实现净利润5万元。由于兴旺公司拒不提供部分客户的资料，导致项目组无法实施必要的函证程序，难以确定净利润是否含有高估。

（3）兴旺公司在2019年度向其控股股东C公司以市场价格销售产品5 000万元，以成本加成价格购入原材料3 000万元，上述销售和采购占兴旺公司当年销货、购货的比例分别为30%和40%，兴旺公司已规定在财务报表附注中进行了适当的披露。

（4）兴旺公司拥有一项账面价值为500万元的长期股权投资。2019年12月31日，兴旺公司与A公司签署转让协议，拟以300万元的价格转让该项长期股权投资，并已收到价款200万元，但尚未办理产权过户手续。兴旺公司认为该项投资正在转让之中，拒绝计提减值准备。

（5）兴旺公司于 2018 年 5 月为 B 公司的 1 000 万元 1 年期银行借款提供担保。因 B 公司无力偿还，债权银行于 2019 年 11 月向法院起诉兴旺公司，要求履行连带清偿责任。2019 年 12 月 31 日，兴旺公司咨询律师后，考虑了 B 公司的财务状况，计提了 500 万元预计负债，并在财务报表中进行了适当披露。截至审计工作完成日，法院尚未对该项诉讼作出判决。

要求：在不考虑其他因素影响的前提下，请单独考虑每一种情况，且兴旺公司拒绝接受 A 注册会计师提出的审计处理建议（如有）。指出 A 注册会计师应发表何种类型的审计意见，并简要说明理由。

4. PHYD 会计师事务所负责审计 MD 集团公司 2019 年度财务报表。MD 集团由 10 家子公司构成。集团项目组根据其对集团及其环境、集团组成部分及其环境的了解，确定集团财务报表整体重要性水平为 500 万元。在审计工作底稿中记录了集团审计总结，部分内容摘录如下：

（1）甲公司为重要组成部分。集团项目组参与组成部分注册会计师对甲组成部分财务信息的风险评估程序，与组成部分注册会计师讨论了对集团而言重要的组成部分业务活动。

（2）乙公司为不重要组成部分。集团项目组发现对重要组成部分财务信息执行的工作、对集团层面控制和合并过程执行的工作以及在集团层面实施的分析程序还不能获取形成集团审计意见所依据的充分、适当的审计证据，因此集团项目组决定对乙组成部分财务信息实施了审阅。由于针对的是对组成部分财务信息实施审阅而非审计，因此无需考虑使用重要性。

（3）丙公司为重要组成部分。2019 年 12 月 1 日，丙组成部分因为产品质量没有达到合同要求而遭到其客户提起的诉讼，要求赔偿其全部货款 310 万元，丙组成部分管理层未在 2019 年 12 月 31 日财务信息中确认可能的预计损失，但在其组成部分财务信息中披露了该重大不确定性，组成部分注册会计师因此对丙公司出具了带强调事项段的无保留意见审计报告，原因是该赔偿损失对于财务报表整体来说不具有重大影响。集团项目组了解到丙组成部分注册会计师确定的组成部分重要性为 400 万元，实际执行的重要性为 320 万元，集团项目组接受了组成部分注册会计师的审计结论，拟利用组成部分注册会计师的工作。

（4）丁公司为重要组成部分。集团项目组针对其对丁组成部分注册会计师的了解，采取复核丁组成部分注册会计师的总体审计策略和具体审计计划等方式，复核丁组成部分注册会计师的审计工作底稿的其他相关部分等方式参与丁组成部分注册会计师的工作。

（5）虽然戊公司为不重要组成部分。集团项目组发现对重要组成部分财务信息执行的工作、对集团层面控制和合并过程执行的工作以及在集团层面实施的分析程序还不能获取形成集团审计意见所依据的充分、适当的审计证据，因此集团项目组将戊组成部分财务信息作为扩大审计范围的对象。

（6）己公司为非重要组成部分。集团项目组计划对该组成部分在集团层面实施分析程序，该事项作为与集团治理层沟通事项之一。

要求：针对上述第（1）至（6）项，逐项指出集团项目组的做法是否恰当，并简要说明理由。

5. 某会计师事务所的注册会计师负责审计A公司2019年度财务报表。与存货审计相关的事项如下：

（1）公司管理层将以前年度已全额计提跌价准备的存货纳入本年末盘点范围。注册会计师认可了管理层的做法在对A公司存货实施监盘结束时，注册会计师在检查存货并执行抽盘后结束了现场工作。

（2）注册会计师在实施存货监盘结束时，检查存货并执行抽盘后结束了现场工作。

（3）注册会计师对存货实施了监盘，测试了采购和销售交易的截止，均未发现差错，据此认为存货记录准确。

（4）公司存货品种和数量均较少，所以注册会计师仅将监盘程序用作实质性程序。

（5）公司在进行存货盘点的过程中，由生产人员对全部存货进行盘点，再由出纳人员进行复盘。注册会计师对复盘项目进行抽盘，未发现差异。据此认可了此盘点结果。

要求：针对上述第（1）至（5）项，逐项指出注册会计师的做法是否恰当，如不恰当，简要说明理由。

6. ABC会计师事务所负责审计甲公司2019年度财务报表。在审计过程中，需要运用分析程序获取充分、适当的审计证据，项目合伙人A注册会计师的相关观点和做法如下：

（1）分析程序可以用于实质性程序，但是需要结合细节测试使用，分析程序单独使用不能获取充分、适当的审计证据。

（2）对于特别风险，A注册会计师不信赖内部控制，不仅需要实施实质性分析程序，还应实施细节测试。

（3）通过询问、观察和检查程序，A注册会计师认为甲公司重大错报风险水平较低，认为可以不使用分析程序评估风险。

（4）如果在审计的过程中实施了恰当的审计程序，未提出审计调整建议，已审财务报表与未审财务报表一致，那么总体复核阶段实施分析程序不是必要的程序。

（5）甲公司生产产品的产量与生产工人工资之间存在稳定的预期关系。A注册会计师认为产量的信息来自非财务部门，具有可靠性，在实施实质性分析程序时据以测算直接人工成本。

要求：1. 针对上述第（1）至（4）项，逐项指出A注册会计师的观点或做法是否正确。如不正确，简要说明理由。

2. 针对事项（5），A注册会计师还应当实施哪些审计程序。

**四、综合题**（本题共19分）

ABC会计师事务所首次承接审计上市顺峰公司2019年度财务报表，XYZ会计师事务所是连续多年审计顺峰公司的前任注册会计师事务所。顺峰公司主要从事煤炭的生产和销售。A注册会计师作为审计项目合伙人，了解顺峰公司及其环境后，确定了财务报表整体重要性120万元。

资料一：

A注册会计师在审计工作底稿中记录了所了解的顺峰公司情况及其环境，部分内容摘录如下：

（1）顺峰公司所在的煤炭行业受国家限电政策的影响，煤炭产量增加在传统的第四季度（旺季）未出现较大幅度的增长，顺峰公司 2019 年度第四季度与前 3 个季度相比，保持了继续增长，2019 年审计前财务报表显示其完成了 15 000 万元营业收入和 3 800 万元毛利的经营目标。2019 年全国煤炭行业平均毛利率为 5.7%。

（2）顺峰公司某生产线在 2019 年 6 月试运行投产，9 月停止资本化。

（3）随着煤炭价格的不断上涨，顺峰公司主要原材料采购价格也一直在上升。顺峰公司预计主要原材料价格在 2019 年底前很可能还要上升，因此在 2019 年 11 月进行大量采购，以满足 2020 年 1 月底前的生产需求。但 2020 年开始，相关原材料市场价格实际上开始下跌。

（4）2019 年 12 月，由于煤炭生产带来的污染，给附近居民的鱼塘带来了不利的影响，同时，厂区粉尘污染严重，周边居民对此一直在政府门前静坐要求政府出面解决。附近居民已经对顺峰公司提起诉讼，要求顺峰公司进行巨额赔偿。顺峰公司律师认为根据相关法规，顺峰公司很可能赔偿的金额是 150 万元，顺峰公司董事会决议淘汰一批旧设备，从德国进口一批低污染排放的生产设备来解决污染问题。

资料二：

A 注册会计师在审计工作底稿中记录了所获取的顺峰公司财务数据，部分内容摘录如下：

单位：万元

| 项目 | 2019 年（未审数） |
|---|---|
| 营业收入 | 15 000 |
| 营业成本 | 11 200 |
| 资产减值损失 | |
| 其中：应收账款 | 0 |
| 存货 | 0 |
| 预计负债 | 0 |
| 存货账面余额 | 3 298 |
| 减：存货跌价准备 | 0 |
| 存货账面价值 | 3 289 |

单位：万元

| 项目 | 2019 年 1 月 1 日（已审数） | 本年增加（期末未审数） | 本年减少（期末未审数） | 2019 年 12 月 31 日（期末未审数） |
|---|---|---|---|---|
| 在建工程——生产线 | 331 910 | 3 830 | 100 000 | 235 740 |
| 减：在建工程减值准备 | 0 | 0 | 0 | 0 |
| 在建工程账面价值 | 331 910 | 3 830 | 100 00 | 235 740 |
| 其中：利息资本化 | 3 710 | 1 220 | | 4 930 |

资料三：

A 注册会计师在审计工作底稿中记录了审计计划，部分内容摘录如下：

（1）A注册会计师认为，如果发生与关联方及其交易相关的财务报表项目和披露错报，即使其金额低于财务报表整体重要性，仍可能影响财务报表使用者依据财务报表做出的经济决策，因此，确定与关联方及其交易相关的财务报表项目和披露的重要性水平为100万元。

（2）2019年，顺峰公司以8 000万元的价格向关联方购买一条生产线。A注册会计师认为该交易超出顺峰公司正常经营过程，很可能不存在相关的内部控制，拟直接实施实质性程序。

（3）顺峰公司2019年度销售费用为900万元。A注册会计师认为重大错报风险较低，拟仅实施控制测试。

资料四：

A注册会计师在相关审计工作底稿中记录了了解和测试的内部控制事项，部分事项摘录如下：

（1）发出煤炭产成品时，由销售部门填制一式四联的出库单。出库单第一联交仓库登记产成品卡片，第二联交发运部门，第三、四联交财务部老王，由老王负责登记产成品总账、明细账。

（2）会计老张负责开具销售发票。在开具销售发票之前，先核对装运凭证和销售单，然后根据销售单填写销售发票价格。

（3）财务部门审核付款凭单后，支付采购款项。出纳老李根据已批准的付款凭单，在确定支票收款人名称与付款凭单内容一致后签署支票，并在付款凭单上加盖“已支付”的印章。为了方便付款，公司签署支票所需的支票印章、财务经理个人名章由会计老田负责保管。

（4）生产计划部门根据已批准顾客订单，签发预先顺序编号的生产通知单。生产车间接到生产通知单，各生产小组编制原材料领用申请单，并经车间主任签字批准。仓库部门根据经审批的原材料领用申请单，填制预先编号的原材料发料单，发料单一式四联，其中一联留存，一联连同材料交给领料部门，一联留在仓储中心登记材料明细账，一联交财务部门进行材料收发核算和成本核算。

（5）顺峰公司设立了内部审计部，并直接对总经理负责。每年对子公司和各业务部进行审计，将出具的内部审计报告提交总经理。

资料五：

A注册会计师在审计工作底稿中记录了拟实施的控制测试和实质性程序，部分内容摘录如下：

（1）计算本年重要产品的毛利率，与同行业进行比较，检查是否存在异常，是否存在较大波动，查明原因。

（2）获取产品价格目录，抽查售价是否符合价格政策，并注意销售给关联方或关系密切的重要客户的产品价格是否合理，有无以低价或高价结算的方法相互之间转移利润的现象。

（3）抽取本年营业收入一定数量的记账凭证，检查相应的销售发票、销售合同是否与存货出库日期、品名、数量等一致。

（4）独立测算主要存货项目的年末可变现净值，将测算结果与顺峰公司的计算结果进行比较，分析差异原因。

（5）依据借款和工程建设情况计算借款费用资本化金额，并与被审计单位实际的借款费用资本化情况进行比较。

（6）查阅资本支出预算、公司相关会议决议等，检查本年增加的在建工程是否全部得到记录。

要求：

1. 针对资料一第（1）至（4）项，结合资料二，假定不考虑其他条件，逐项指出资料一所列事项是否可能表明存在重大错报风险。如果认为存在重大错报风险，简要说明理由，并说明该风险主要与哪些财务报表项目（仅限于营业收入、营业成本、存货、在建工程、固定资产、财务费用、资产减值损失、预计负债、营业外支出）的哪些认定相关。

2. 针对资料三第（1）至（3）项，假定不考虑其他条件，逐项指出资料三所列审计计划是否恰当。如不恰当，简要说明理由。

3. 针对资料四第（1）至（5）项，假定未描述的其他内部控制不存在缺陷，请指出甲公司以上事项的内部控制设计或运行中是否存在缺陷，如果存在缺陷，请分别说明理由并提出改进建议。

4. 针对资料五第（1）至（6）项，假定不考虑其他条件，逐项指出审计程序与根据资料一（结合资料二）识别的重大错报风险是否直接相关。如直接相关，指出对应的是识别的哪一项重大错报风险，并简要说明理由。

# 2020年注册会计师全国统一考试
# 《审计》全真模拟试题（一）参考答案及解析

## 一、单项选择题

1. 答案：A

解析：选项B不正确，审计检查风险低，审阅检查风险高；选项C不正确，审阅的程序主要有询问和分析程序，并不是只执行询问程序和分析程序，不实施其他程序；选项D不正确，审计的保证程度高于审阅，审计是合理保证，审阅是有限保证。

2. 答案：C

解析：保持职业怀疑，有利于注册会计师发现错报，但是并非能够发现所有的错报。

3. 答案：B

解析：当使用分析程序比细节测试更能有效地将认定层次的检查风险降至可接受的水平时，注册会计师可以考虑单独或结合细节测试，运用实质性分析程序。

4. 答案：D

解析：如果在期中实施了实质性程序，注册会计师应当针对剩余期间实施进一步的实质性程序，或将实质性程序和控制测试结合使用，以将期中测试得出的结论合理延伸至期末。

5. 答案：C

解析：注册会计师应当对银行存款（包括零余额账户和在本期内注销的账户）、借款及与金融机构往来的其他重要信息实施函证程序，除非有充分证据表明某一银行存款、借款及与金融机构往来的其他重要信息对财务报表不重要且与之相关的重大错报风险很低，选项A错误，只满足一个条件。注册会计师通常在资产负债表日后某一天函证资产负债表日的应收账款余款，选项B错误。当同时存在下列情况时，注册会计师可考虑采用消极的函证方式：（1）重大错报风险评估为低水平；（2）涉及大量余额较小的账户；（3）预期不存在大量的错误；（4）没有理由相信被询证者不认真对待函证。选项D只满足一个条件，所以选项D错误。

6. 答案：C

解析：选项A、B通常情况下都是作为函证对象的；选项D，因为在注册会计师实施审计的范围之内，可以直接获取相关证据，不用实施函证。

7. 答案：D

解析：每月与前 35 名主要客户对账，那每年的对账次数就是 35 × 12 = 420，当控制发生总次数大于 250 次时，对应的控制执行频率就是每日数次。

8. 答案：D

解析：审计的固有限制源于财务报告的性质、审计程序的性质和在合理的时间内以合理的成本完成审计的需要。

9. 答案：D

解析：三方关系人包括注册会计师、责任方和预期使用者，选项 A 错误；如果业务不存在除责任方之外的其他预期使用者，那么该业务不构成一项鉴证业务，选项 B 错误；鉴证业务还会涉及委托人，委托人通常是预期使用者之一，也可能是责任方，选项 C 错误。

10. 答案：D

解析：《中国注册会计师审计准则》第 1111 号第十条规定，审计业务约定条款应当包括下列主要内容：（1）财务报表审计的目标与范围；（2）注册会计师的责任；（3）管理层的责任；（4）指出用于编制财务报表所适用的财务报告框架；（5）提及注册会计师拟出具的审计报告的预期形式和内容，以及在特定情况下对出具的审计报告可能不同于预期形式和内容的说明。

选项 D 不属于注册会计师在审计业务约定书中列明的内容。

11. 答案：D

解析：对于以营利为目的的被审计单位，管理者实施舞弊的动机或压力不同，其舞弊风险所涉及的具体认定也不同，注册会计师需要作出具体分析。如果管理层难以实现预期的利润目标，则可能有高估收入的动机或压力，因此，收入的发生认定存在舞弊风险的可能性较大，而完整性认定则通常不存在舞弊风险；相反，如果管理层有隐瞒收入而降低税负的动机，则注册会计师需要更加关注与收入完整性认定相关的舞弊风险。所以，选项 D 错误。

12. 答案：A

解析：注册会计师在设计和实施审计程序时，应当充分关注被审计单位违反法律法规行为可能对财务报表产生的重大影响。

13. 答案：D

解析：确定重要性需要运用职业判断。通常先选定一个基准，再乘以某一百分比作为财务报表整体的重要性。在选择基准时，需要考虑的因素包括：（1）财务报表要素；（2）是否存在特定会计主体的财务报表使用者特别关注的项目；（3）被审计单位的性质、所处的生命周期阶段（选项 A）以及所处行业和经济环境；（4）被审计单位的所有权结构和融资方式（例如，如果被审计单位仅通过债务而非权益进行融资，财务报表使用者可能更关注资产及资产的索偿权，而非被审计单位的收益）（选项 B）；（5）基准的相对波动性（选项 C）。

14. 答案：A

15. 答案：B

解析：注册会计师从存货实物中选取项目追查至存货盘点记录，获取的审计证据与存货完整性认定相关，与存货的认定无关，故选项 B 正确。

16. 答案：C

解析：选项 A、B、D 均属于固定资产的控制测试。

17. 答案：D

解析：D 选项是注册会计师考虑较少利用内部审计工作的情形，并非不得利用的情形。

18. 答案：C

解析：在确定可接受的误受风险水平时，注册会计师需要考虑针对同一审计目标的其他实质性程序的检查风险，选项 C 错误。

19. 答案：D

解析：对于每张发票及有关的验收单据，如发现下列情形之一者，即可定义为“误差”：（1）未附验收单据的任何发票；（2）发票虽附有验收单据，但该单据却属于其他发票；（3）发票与验收单据所记载的数量不符。

20. 答案：D

解析：注册会计师不应在无保留意见的审计报告中提及专家的工作，除非法律法规另有规定。

21. 答案：D

解析：如果被审计单位在基准日前对存在重大缺陷的内部控制进行了整改，整改后的内部控制尚需要时间来验证其有效性，所以如果新控制尚没有运行足够长的时间，注册会计师应当将其视为内部控制在基准日存在重大缺陷。

22. 答案：B

解析：会计师事务所应当制定政策和程序，以使业务项目组在出具业务报告后及时完成最终业务档案的归整工作。如果针对客户的同一财务信息执行不同的委托业务，出具两个或多个不同的报告，会计师事务所应当将其视为不同的业务，根据制定的政策和程序，在规定的归档期限内分别完成最终业务档案的归档工作。

23. 答案：C

解析：对业务问题的意见出现分歧是正常现象，只有经过充分的讨论，才有利于意见分歧的解决。

24. 答案：C

解析：选项 C 错误。即使集团项目组利用组成部分注册会计师工作后对集团财务报表发表了不恰当审计意见，也仍然是集团项目组及其会计师事务所对集团审计意见承担全部责任。

25. 答案：B

解析：选项 A，前后任注册会计师的概念仅限于审计，而不包括审阅业务；选项 C，前任注册会计师和后任注册会计师是就会计师事务所发生变更时的情况而言的，在未发生会计师事务所变更的情况下，同处于某一会计师事务所中的不同的注册会计师不属于前后任注册会计师的范畴；选项 D，如果委托人在相邻两个会计年度中连续变更多家会计师事务所，前任注册会计师包括在后任注册会计师之前接受业务委托对当期财务报表进行审计但未完成审计工作的会计师事务所。

## 二、多项选择题

1. 答案：ABC

解析：选项A、B、C属于预防性控制；D属于检查性控制。

2. 答案：ABCD

解析：审计业务要素包括审计业务的三方关系人、财务报表、财务报表编制基础、审计证据和审计报告。

3. 答案：ACD

解析：注册会计师如果已获取有关控制在期中运行有效性的审计证据，并拟利用该证据，则应当实施下列审计程序，以获取补充审计证据：（1）获取这些控制在剩余期间变化情况的审计证据；（2）确定针对剩余期间还需获取的补充审计证据。选项A、D恰当；同时，如果相关的是自动化信息，则注册会计师应当确认信息技术一般控制是否变化情况，选项C恰当。

4. 答案：ABC

解析：在总体复核阶段实施的分析程序达不到对特定账户余额和披露提供的实质性的保证水平。

5. 答案：ABCD

6. 答案：ABD

解析：审计工作底稿通常不包括的内容有：（1）已被取代的审计工作底稿的草稿或财务报表的草稿；（2）对不全面或初步思考的记录；（3）存在印刷错误或其他错误而作废的文本；（4）重复的文件记录等。

7. 答案：BD

解析：由于审计的固有限制，即使注册会计师按照审计准则的规定恰当计划和执行了审计工作，也不可避免地存在财务报表中的某些重大错报未被发现的风险，因此注册会计师不能对财务报表整体不存在重大错报提供绝对保证，选项A错误；治理层的监督包括考虑管理层凌驾于控制之上或对财务报告过程施加其他不当影响的可能性，选项C错误。

8. 答案：ACD

解析：本题要求是查找未入账的应付账款，即验证其完整性，而从应付账款明细账贷方发生额追查至购货发票和验收单据是验证已记录在账上的“应付账款”的真实性，所以选项B与完整性目标无关。检查资产负债表日后收到的购货发票，关注其日期是否在资产负债表日前，以检查其相应的应付账款记录是否完整，所以选项C是正确的。J公司在资产负债表日如果存在纳入盘点范围的存货，未在应付账款中记录，则属于漏记负债，所以选项A是正确的。

9. 答案：AD

解析：选项B，如果认为内部控制存在一项或多项重大缺陷，除非审计范围受到限制，注册会计师应当对内部控制发表否定意见；选项C，应出具无法表示意见的内部控制审计报告。

10. 答案：ACD

解析：选项B属于当专家的工作涉及使用重要的假设和方法时，注册会计师评价这些假设和方法时需要考虑的因素。

## 三、简答题

1. 答案：

（1）违反。为华隆银行的关联实体提供非审计服务（提供营改增税务咨询服务）的合伙人F及其主要近亲属不得在华隆银行中拥有任何直接经济利益，否则将因自身利益对独立性产生严重不利影响。

（2）不违反。A注册会计师按正常商业条件在华隆银行开立账户并购买华隆银行的理财产品，且交易金额不大（非重大间接经济利益），不会对独立性产生不利影响，审计项目组成员或其主要近亲属在银行或类似金融机构等审计客户开立存款或交易账户，如果账户按照正常的商业条件开立，则不会对独立性产生不利影响。

（3）违反。担任审计客户董事会秘书将因自我评价或过度推介对独立性产生严重不利影响。

（4）违反。ABC会计师事务所的网络所为审计客户的关联实体提供业务流程及财务流程文档的编制服务，涉及承担管理层职责，将因自我评价产生不利影响。

（5）违反。A注册会计师连续签署5年审计报告后，虽然被轮换，但轮换期尚未满两年，考虑到对于在任期结束后的两年时间内不能再次成为该公司的审计项目组成员，否则存在密切关系和自身利益对独立性的不利影响。

2. 答案：

| 事项序号 | 指出内部控制设计存在的缺陷 | 理由 | 建议 |
| --- | --- | --- | --- |
| （1） | 没有缺陷。 | | |
| （2） | 由采购部的职员E进行询价并确定供应商。 | 询价与确定供应商是不相容的岗位。 | 询价与确定供应商应该由不同岗位的人员来实施。 |
| （3） | 没有缺陷。 | | |
| （4） | 会计部门根据只附供应商发票的付款凭单进行账务处理。 | 如果会计部门仅根据付款凭单和供应商发票记录存货和应付账款，而不需同时核对验收单和订购单，会计部门将无法核查材料采购的真实性，从而可能记录错误的存货数量和金额。 | 会计部门不仅要根据付款凭单和供应商发票记录存货和应付账款，而且需同时核对验收单和订购单，核查材料采购的真实性。 |
| （5） | 没有缺陷。 | | |

3. 答案：

（1）兴旺公司拒绝追溯调整2018年度财务报表，将导致2019年度财务报表的对应数据与2018年度财务报表对应项目列报的数据不一致，降低财务报表使用者对财务报表的信赖程度。注册会计师应发表无保留意见并增加强调事项段予以说明。

（2）兴旺公司2019年度实现的净利润仅为5万元。如果净利润中含有高估，则其经营成果可能从盈利变为亏损。因此，无法实施必要的函证程序将导致审计范围受到非常严重的限制，可能需要发表无法表示意见。

（3）所述事项为重大的关联方交易，兴旺公司已按规定作出了适当披露。注册会计师应出具无保留意见审计报告或带强调事项段的无保留意见审计报告。

（4）在尚未办理产权过户手续的情况下，兴旺公司仍继续对该项投资拥有所有权，应按规定计提200万元的减值准备。兴旺公司没有计提减值准备，错报超过重要性水平但不存在广泛影响，考虑发表保留意见。

（5）在法院作出最终判决之前，该项诉讼的未来结果存在不确定性，但兴旺公司已在财务报表中进行了适当的列报与披露，注册会计师可出具无保留意见或带强调事项段的无保留意见审计报告。

4. 答案：

（1）不恰当。集团项目组参与组成部分注册会计师实施的风险评估程序中，除了与组成部分注册会计师或组成部分管理层讨论对集团而言重要的组成部分业务活动外，还应当与组成部分注册会计师讨论由于舞弊或错误导致组成部分财务信息发生重大错报的可能性，以及复核组成部分注册会计师对识别出的导致集团财务报表发生重大错报的特别风险形成的审计工作底稿。

（2）不恰当。集团项目组针对乙组成部分财务信息实施审阅时，也应当使用重要性。

（3）不恰当。组成部分注册会计师确定丙组成部分重要性不恰当，重要组成部分的重要性应当由集团项目组基于集团审计目的为组成部分确定；同时，丙组成部分财务信息的实际执行的重要性水平应当得到集团项目组的复核或评价，应当低于300万元（400×75%）。因此，集团项目组不能利用丙组成部分注册会计师的工作结果。

（4）恰当。集团项目组根据其对组成部分注册会计师的了解，参与组成部分注册会计师的工作方式包括：①与组成部分管理层或组成部分注册会计师会谈，获取对组成部分及其环境的了解；②复核组成部分注册会计师的总体审计策略和具体审计计划；③实施风险评估程序，识别和评估组成部分层面的重大错报风险；④设计和实施进一步审计程序；⑤参加组成部分注册会计师与组成部分管理层的总结会议和其他重要会议；⑥复核组成部分注册会计师的审计工作底稿的其他相关部分等。

（5）恰当。如果集团项目组认为对重要组成部分财务信息执行的工作、对集团层面控制和合并过程执行的工作以及在集团层面实施的分析程序还不能获取形成集团审计意见所依据的充分、适当的审计证据，集团项目组应当选择某些不重要的组成部分，并对已选择的组成部分财务信息亲自执行或由代表集团项目组的组成部分注册会计师执行下列一项或多项工作，例如，使用组成部分重要性对组成部分财务信息实施审计；对一个或多个账户余额、一类或多类交易或披露实施审计；使用组成部分重要性对组成部分财务信息实施审阅；实施特定程序。

（6）恰当。针对非重要组成部分，集团项目组仅需要在集团层面实施分析程序；同时，针对计划的审计范围和时间安排的事项，应当属于集团项目组对集团治理层沟通内容之一。

5. 答案：

（1）恰当。

（2）不恰当。监盘结束时，注册会计师应该再次观察盘点现场，以确定所有应纳入盘点范围的存货是否均已盘点；取得并检查已填用、作废及未使用盘点表单的汇总记录进行核对。

（3）不恰当。要验证存货的计价认定，应该实施专门的计价测试，监盘主要验证的是存在认定，针对计价仅能提供部分审计证据。

（4）恰当。

（5）不恰当。注册会计师应该参与盘点的全过程，在盘点过程中需要实施观察、检查程序，并适当执行抽盘，进而确定管理层的盘点结果是否可靠。

6. 答案：

（1）不正确。在某些审计领域，如果重大错报风险较低且数据之间具有稳定的预期关系，注册会计师可以单独使用实质性分析程序获取充分、适当的审计证据。

（2）正确。

（3）不正确。注册会计师在风险评估阶段必须使用分析程序，这是审计准则的强制规定。

（4）不正确。在临近审计结束时，应当运用分析程序对财务报表进行总体复核/总体复核分析程序是必要程序，但是在总体复核阶段实施的分析程序并非为了对特定账户余额和披露提供实质性的保证水平，因此并不如实质性分析程序那样详细和具体，而往往集中在财务报表层次。

（5）不正确。测试与产量信息编制相关的内部控制/测试产量信息/应测试内部信息的可靠性。

## 四、综合题

答案：

1.

| 事项序号 | 是否可能表明存在重大错报风险（是/否） | 理由 | 财务报表项目及认定 |
|---|---|---|---|
| （1） | 是 | 顺峰公司所在的行业第四季度（旺季）未出现较大幅度的增长，但是顺峰公司第四季度继续增长且营业收入和利润指标均完成，毛利率（25.33%）高于行业平均毛利率（5.7%），顺峰公司可能存在明显的虚增收入、虚减成本的重大错报风险。 | 营业收入：发生<br>营业成本：完整性<br>存货：存在 |
| （2） | 是 | 顺峰公司某生产线试运行在2019年6月，停止资本化时点在9月，可能存在少计财务费用，多计在建工程的错报风险；同时，顺峰公司已经在6月份试运行投产，相当于顺峰公司的生产线均已经达到预定可使用状态，但是顺峰公司在建工程账面余额有2.36亿元，可能存在在建工程少结转固定资产的重大风险。 | 财务费用：完整性<br>在建工程：存在<br>固定资产：完整性 |
| （3） | 是 | 顺峰公司在2019年11月进行大量采购，储存了大量的原材料，但是从2020年开始，原材料价格开始下降，从而可以判断，顺峰公司的原材料在2019年末存货有减值的风险。但资料二显示，顺峰公司没有计提存货跌价准备。 | 资产减值损失：完整性<br>存货：准确性、计价和分摊 |
| （4） | 是 | 顺峰公司面临着被诉讼并赔偿的风险，但资料二显示预计负债的账面余额为零，可能存在没有计提预计负债的重大错报风险。 | 营业外支出：完整性<br>预计负债：完整性 |

2.

（1）恰当。

（2）不恰当，超出正常经营过程的重大关联方交易应确定为特别风险，应了解相关的内部控制。

（3）不恰当，针对重大类别的交易仅实施控制测试不足够，应针对重大类别的交易实施实质性程序。

3.

| 事项序号 | 相关内部控制设计或运行是否存在缺陷（是/否） | 理由 | 改进建议 |
|---|---|---|---|
| （1） | 是 | ①销售部门不能同时填制出库单；<br>②一式四联的出库单没有送交顾客；<br>③会计老王不能同时登记产成品总账和明细账。 | ①应由仓储部门人员填制出库单；<br>②出库单其中一联应送交顾客；<br>③由不同会计人员登记产成品总账和明细账。 |
| （2） | 是 | ①会计老张仅根据销售单填写销售发票价格不妥；<br>②会计老张未检查销售发票计价和计算的正确性。 | ①会计老张应当核对装运凭证和销售单后，按照已授权标准的商品价目表计算填写销售发票的价格；<br>②会计老张应检查销售发票计价和计算的正确性，将装运凭证上的商品总数与相对应的销售发票上的商品总数进行比较。 |
| （3） | 是 | 资金支付过程中不能由一人保管支付款项全部印章，顺峰公司财务经理个人名章和支票印章也不能同时交给会计老田一人负责保管。 | 资金支付过程中严禁一人保管支付款项全部印章，顺峰公司财务经理个人名章和支票印章不能同时交给会计老田负责保管。 |
| （4） | 否 | | |
| （5） | 是 | 内部审计部不应对总经理负责。 | 内部审计部应当对董事会负责，不是对总经理负责，内部审计报告应提交董事长。 |

4.

| 事项序号 | 是否与根据资料一（结合资料二）识别的重大错报风险直接相关（是/否） | 与根据资料一哪一项（结合资料二）识别的重大错报风险直接相关（资料一序号） | 理由 |
|---|---|---|---|
| （1） | 是 | （1） | 通过估算顺峰公司的毛利率为25.33%（3 800/15 000），高于行业的平均毛利率5.7%，能够识别收入高估。 |
| （2） | 否 | | |
| （3） | 是 | （1） | 以财务报表日已经入账的营业收入记账凭证为起点，追查到相应的销售发票、销售合同是否与存货出库日期、品名、数量一致，可以获取营业收入提前入账或虚假记录。 |
| （4） | 是 | （3） | 通过计算期末存货的可变现净值，并与存货账面价值进行比较，可以识别可能存在没有计提存货跌价准备的问题。 |
| （5） | 是 | （2） | 顺峰公司某生产线试运行在2019年6月，停止资本化时点应当在6月份而不是9月份，故可以识别可能存在的少计财务费用，多计在建工程的错报风险。 |
| （6） | 否 | | |

# 2020年注册会计师全国统一考试
# 《审计》全真模拟试题（二）

**一、单项选择题**（本题型共25小题，每小题1分，共25分。每小题只有一个正确答案，请从每小题的备选答案中选出一个你认为正确的答案，用鼠标点击相应的选项。）

1. 关于注册会计师审计和政府审计，下列说法中正确的是（　　）。

A. 注册会计师审计具有更大的强制力和更高的保证程度

B. 注册会计师和审计客户协商确定费用，但是注册会计师在发表审计意见时，独立性不能受到干扰

C. 政府审计的依据是《中华人民共和国注册会计师法》

D. 注册会计师应当在其职权范围内对审计过程中发现的问题向审计机关反映情况，提供有关证明材料

2. 乙公司是甲集团的下属全资子公司，其2019年度由A注册会计师审计。B注册会计师负责审计甲集团2019年度财务报表。A注册会计师的审计工作并非基于集团审计的目的。下列说法中正确的是（　　）。

A. A注册会计师是组成部分注册会计师

B. B注册会计师可以考虑利用A注册会计师的工作

C. 乙公司因为是甲集团的全资子公司，B注册会计师应当将其确认为重要组成部分

D. B注册会计师应亲自对乙公司财务报表执行审计工作

3. 在完成审计业务前，如果被审计单位将审计业务变更为保证程度较低的审阅业务，注册会计师认为理由合理的是（　　）。

A. 被审计单位限制注册会计师接触审计所需资料

B. 被审计单位限制注册会计师接触相关人员

C. 被审计单位对原来要求的审计业务的性质存在误解，要求变更为财务报表审阅业务

D. 被审计单位提出降低审计费用

4. 下列各项中，不属于注册会计师应当评价专家的工作是否足以实现审计目的的是（　　）。

A. 专家的工作结果或结论的相关性和合理性

B. 专家的工作涉及使用重要的假设和方法的相关性和合理性

C. 如果专家的工作涉及使用重要的原始数据的相关性、完整性和准确性

D. 专家工作在多大程度上减轻注册会计师的责任

5. 会计师事务所的主任会计师为了适当履行对质量控制制度承担的责任，应当制定相应的政策和程序，下列对相应政策和程序的表述中不正确的是（　　）。

A. 在会计师事务所内部形成以服务为导向的文化

B. 合理保证会计师事务所及人员遵守职业道德规范

C. 会计师事务所各级管理层树立质量至上的意识，通过言传身教发挥示范作用

D. 合理保证会计师事务所内拥有足够的、具有必要素质和专业胜任能力并遵守职业道德规范的人员

6. A会计师事务所下列做法符合相关准则或规范的是（　　）。

A. 会计师事务所将质量控制政策和程序形成书面文件，并传达到了全体项目组成员

B. 会计师事务所质量控制准则适用于注册会计师执行的所有业务

C. B会计师事务所系A会计师事务所的分所，其根据自身的实际情况，自行制定业务质量控制制度

D. 注册会计师在执行非鉴证业务时不需要遵守诚信原则

7. 如果是连续审计业务，在下列情况下，需要A注册会计师提醒甲公司管理层关注或修改现有业务约定条款的是（　　）。

A. 注册会计师对上期财务报表出具了非标准审计报告

B. 注册会计师更换两名审计助理人员

C. 甲公司对上期财务报表作出重述

D. 甲公司高级管理人员近期发生变动

8. 下列事项中，不会导致注册会计师在审计报告中增加其他事项段的是（　　）。

A. 注册会计师决定在审计报告中提及前任注册会计师对对应数据出具的审计报告

B. 当财务报表列报对应数据时，上期财务报表未经审计

C. 对审计报告使用和分发的限制

D. 含有已审计财务报表的文件中的其他信息与财务报表存在重大不一致，并且需要对财务报表作出修改，但管理层拒绝修改

9. 在对固定资产入账价值进行审计时，注册会计师发现被审计单位存在以下情况，其中不正确的是（　　）。

A. 购置的不需要经过建造过程即可使用的甲固定资产，按实际支付的买价、包装费、运输费、安装成本、交纳的有关税金等，作为入账价值

B. 盘盈的乙固定资产，按同类或类似固定资产的市场价格，减去按该项资产的新旧程度估计的价值损耗后的余额，作为入账价值

C. 投资者投入的丙固定资产，按投资方原账面价值作为入账价值

D. 接受捐赠的丁固定资产，以有关凭据上的金额加上相关税费作为入账价值

10. 关于审计风险模型，下列说法中，错误的是（　　）。

A. 在既定的审计风险水平下，可接受的检查风险水平与认定层次重大错报风险的评估结果成反向关系

B. 审计风险是注册会计师预先设定的

C. 重大错报风险是注册会计师通过执行审计程序可以降低的

D. 检查风险取决于审计程序设计的合理性和执行的有效性

11. 下列信息技术一般控制对控制风险的影响，表述不正确的是（　　）。

A. 无效的一般控制增加了应用控制不能防止或发现并纠正认定层次重大错报的可能性，即使这些应用控制本身得到了有效设计

B. 如果一般控制有效，注册会计师可以更多地信赖应用控制，测试这些控制的运行有效性，并将控制风险评估为低于“最高”水平

C. 考虑到公司层面信息技术控制是公司的整体控制环境，决定了信息技术的风险基准，因此，注册会计师通常优先评估公司层面信息技术控制和信息技术一般控制的有效性

D. 如果应用控制有效，注册会计师可以更多地信赖应用控制，测试这些控制的运行有效性，并将控制风险评估为高于“最低”水平

12. 以下关于管理层点估计的理解中，错误的是（　　）。

A. 管理层的点估计是指管理层在财务报表中确认或披露一项会计估计而选择的金额

B. 管理层不可能直接作出点估计

C. 某些财务报告编制基础要求所选择的点估计应当反映管理层对最可能出现的结果的判断

D. 管理层只有在考虑了各个据以确定点估计的可供选择的假设或结果后，才可能作出可靠的点估计

13. 下列有关注册会计师使用非统计抽样实施细节测试的说法中，错误的是（　　）。

A. 注册会计师增加单独测试的重大项目，可以减少样本规模

B. 在定义抽样单元时，注册会计师无需考虑计划的审计程序或替代程序的难易程度

C. 在确定可接受的误受风险水平时，注册会计师需要考虑针对同一审计目标的其他实质性程序的检查风险

D. 注册会计师根据样本中发现的错报金额推断总体错报金额时，可以采用比率法或差额法

14. 货币资金内部控制的以下关键环节中，存在重大缺陷的是（　　）。

A. 财务专用章由专人保管，个人名章由本人或其授权人员保管

B. 对重要货币资金支付业务，实行集体决策

C. 现金收入及时存入银行，特殊情况下，经主管领导审查批准方可坐支现金

D. 指定专人定期核对银行账户，每月核对一次，编制银行存款余额调节表，使银行存款账面余额与银行对账单调节相符

15. 注册会计师要证实被审计单位在临近 2019 年 12 月 31 日签发的支票未予入账，其最有效的审计程序是（　　）。

A. 审查被审计单位 2019 年 12 月的支票存根及银行存款日记账

B. 审查 2019 年 12 月 31 日的银行存款余额调节表

C. 函证 2019 年 12 月 31 日的银行存款余额

D. 审查 2019 年 12 月 31 日的银行对账单

16. 如果 A 注册会计师在审计甲公司 2019 年度财务报表时，发现甲公司财务报表存在因舞弊导致的重大错报风险，则以下结论中最合理的是（　　）。

A. 如果已在期中实施了实质性程序，且该重大错报风险性质严重，A注册会计师应当针对剩余期间实施进一步的审计程序

B. 如果已在期中实施了实质性程序，且该重大错报风险性质不严重，A注册会计师不需要针对剩余期间实施任何审计程序

C. 如果已在期中实施了实质性程序，无论重大错报风险的性质严重与否，A注册会计师都应实施审计程序以将期中得出的结论合理延伸至期末

D. 针对由于甲公司舞弊导致的财务报表的重大错报风险，A注册会计师应当考虑在期末或者接近期末实施实质性程序

17. 关于风险识别和评估的作用，下列说法中不恰当的是（　　）。

A. 注册会计师了解被审计单位及其环境，目的是为了识别和评估财务报表重大错报风险

B. 了解被审计单位及其环境获得的信息应当足以识别和评估财务报表的重大错报风险，制定总体应对措施及设计、实施进一步审计程序

C. 风险识别和评估贯穿于整个审计过程

D. 注册会计师对被审计单位及其环境的了解程度，应当高于管理层为经营管理企业而对被审计单位及其环境的了解程度

18. 在了解组成部分注册会计师后，下列情形中，集团项目组可以采用措施消除其疑虑或影响的是（　　）。

A. 组成部分注册会计师不符合与集团审计相关的独立性要求

B. 集团项目组对组成部分注册会计师的专业胜任能力存有重大疑虑

C. 集团项目组对组成部分注册会计师的职业道德存有重大疑虑

D. 组成部分注册会计师未处于积极有效的监督环境中

19. 在内部控制审计中，注册会计师需要针对期后期间询问并检查下列信息，其中不恰当的是（　　）。

A. 监管机构发布的涉及企业内部控制的报告

B. 其他注册会计师出具的涉及企业内部控制缺陷的报告

C. 有重大缺陷的内部控制是否发生变化

D. 注册会计师在执行其他业务中获取的、有关企业内部控制有效性的信息

20. 下列不属于审计工作底稿编制目的的是（　　）。

A. 提供充分、适当的记录，作为出具审计报告的基础

B. 提供证据，证明注册会计师已按照审计准则和相关法律法规的规定计划和执行了审计工作

C. 有助于项目组计划和执行审计工作

D. 有助于后任注册会计师的及时查阅

21. 下列关于书面声明的说法中，错误的是（　　）。

A. 管理层提供的书面声明是注册会计师在审计中需要获取的必要信息

B. 管理层已提供可靠书面声明的事实，影响注册会计师就管理层责任履行情况或具体认定获取的其他审计证据的性质和范围

C. 书面声明的日期应当尽量接近对财务报表出具审计报告的日期，但不得在审计报告

日后

D. 其他书面声明可能是对基本书面声明的补充，但不构成其组成部分

22. 如果注册会计师识别出超出正常经营过程的重大关联方交易导致的舞弊风险，下列程序中，通常能够有效应对该风险的是（　　）。

A. 检查交易是否经适当的管理层审批

B. 评价交易是否具有合理的商业理由

C. 就交易事项向关联方函证

D. 检查交易是否按照适用的财务报告编制基础进行会计处理和披露

23. 注册会计师执行下列审计程序，其不属于应实施的审计范围为（　　）。

A. 对被审计单位的有价证券进行监盘

B. 注册会计师以询问被审计单位相关人员的方式，获取财务信息和非财务信息

C. 被审计单位与甲公司属于关联企业，注册会计师通过电话询问获得验证被审计单位对甲公司往来账目认定的完整性

D. 注册会计师采取分析程序对被审计单位财务数据之间以及财务数据与非财务数据之间的关系，并作出相关评价

24. 在了解被审计单位对会计政策的选择和运用是否适当时，注册会计师应当关注的重要事项不包括（ ）。

A. 对重大日后调整事项的核算方法

B. 对重大和异常交易进行会计核算使用的方法

C. 在缺乏权威性标准或共识的有争议的领域或新领域，采用重要会计政策产生的影响

D. 重要项目的会计政策和行业惯例

25. 下列各项中，通常属于业务流程层面控制的是（　　）。

A. 应对管理层凌驾于控制之上的控制

B. 信息技术一般控制

C. 信息技术应用控制

D. 对期末财务报告流程的控制

**二、多项选择题**（本题型共10小题，每小题2分，共20分。每小题均有多个正确答案，请从每小题的备选答案中选出你认为正确的答案，用鼠标点击相应的选项。每小题所有答案选择正确的得分；不答、错答、漏答均不得分。）

1. 在确定实质性分析程序使用的数据的可靠性时，A注册会计师通常考虑的因素有（　　）。

A. 可获得信息的来源　　B. 可获得信息的可比性

C. 可获得信息是否经过审计　　D. 与可获得信息相关的控制

2. 如果会计师事务所决定接受或保持客户关系和具体业务，下列事项中属于会计师事务所接下来要做的事项的有（　　）。

A. 与客户就相关问题达成一致理解

B. 与客户形成书面的业务约定书

C. 考虑是否具备执行业务的必要素质

D. 与客户的管理层、治理层沟通

3. 注册会计师实施应收账款函证的正确做法有（　　）。

A. 以资产负债表日为截止日，充分考虑对方复函时间，在其后适当时间内实施函证

B. 当选择资产负债表日前适当日期实施函证时，注册会计师需对所函证项目截止日起至资产负债表日止发生的变动实施实质性程序

C. 在外勤工作时注册会计师让被审计单位的会计人员拿着函证到被询证方盖章

D. 在外勤工作时收到被询证者回函的传真件，要求被询证者寄回函证回函原件

4. 下列有关注册会计师首次接受委托时就期初余额获取审计证据的说法中，正确的有（　　）。

A. 对非流动资产和非流动负债，注册会计师可以通过检查形成期初余额的会计记录和其他信息获取有关期初余额的审计证据

B. 对流动资产和流动负债，注册会计师可以通过本期实施的审计程序获取有关期初余额的审计证据

C. 如果上期财务报表已经审计，注册会计师可以通过审阅前任注册会计师的审计工作底稿获取有关期初余额的审计证据

D. 注册会计师可以通过向第三方函证获取有关期初余额的审计证据

5. 注册会计师在对计划利用的全部内部审计工作实施审计程序时，应当与其对一些具体事项的评价相适应，这些事项包括（　　）。

A. 涉及判断的程度

B. 评估的重大错报风险

C. 内部审计人员的胜任能力

D. 内部审计在被审计单位的地位

6. 集团项目组应当评价合并调整和重分类事项的适当性，完整性和准确性。评价可能包括（　　）。

A. 评价重大调整是否恰当反映了相关事项和交易

B. 确定重大调整是否得到集团管理层和组成部分管理层（如适用）的正确计算，处理和授权

C. 确定重大调整是否有适当的证据支持并得到充分的记录

D. 检查集团内部交易，未实现内部交易损益以及集团内部往来余额是否核对一致并抵消

7. 注册会计师选取并测试会计分录和其他调整时需要考虑的因素包括（　　）。

A. 对由于舞弊导致的重大错报风险的评估

B. 对会计分录和其他调整已实施的控制

C. 虚假会计分录或其他调整的特征

D. 被审计单位的财务报告过程以及所能获取的证据的性质

8. 如果发现舞弊涉及较高级别的管理层，注册会计师应当采取的措施有（　　）。

A. 重新评估舞弊导致的重大错报风险，并考虑重新评估的结果对审计程序的性质、时间和范围的影响

B. 重新考虑此前获取的审计证据的可靠性

C. 尽早向治理层报告

D. 立即向监管机构报告

9. 对于以前审计获取的有关下列控制运行有效性的，注册会计师在本期审计中可能考虑直接利用的有（　　）。

A. 该控制不是复杂的人工控制，而是自动化控制

B. 该控制在最近两年已经被测试过

C. 该控制自上期测试后没有发生变化

D. 该控制属于旨在减轻特别风险的控制

10. 下列关于会计师事务所与质量控制制度相关的说法中恰当的有（　　）。

A. 项目合伙人应当对项目质量控制承担最终责任

B. 会计师事务所在制定年终考核指标时，以收入的高低作为首要评定指标

C. 会计师事务所质量控制准则适用于注册会计师执行的所有业务

D. 会计师事务所及其分部应当遵守同一质量控制制度

**三、简答题**（本题型共6小题36分。其中一道小题可以选用中文或英文解答，请仔细阅读答题条件。如使用英文解答，须全部使用英文，答题正确的，增加5分。本题型最高得分为41分。）

1. 注册会计师测试戊公司2019年12月31日应收账款余额的存在性和总价值。注册会计师将与应收账款的存在性和计价认定有关的重大错报风险进行了评估，认为评估的重大错报风险为高水平；2019年12月31日应收账款明细账显示其有420户顾客，账面余额为20 000万元，其中有20个金额超过100万元的账户，共计4 000万元；不存在应收账款贷方余额的明细账户，其他明细账户的余额均在60万元到100万元之间。注册会计师决定对这余额较大的20个账户进行百分之百检查，其他明细账户使用非统计抽样函证应收账款账面余额，注册会计师不拟对应收账款的存在性与计价认定实施与函证目标相同的其他实质性程序。注册会计师确定的可容忍错报为1 000万元，预计应收账款的错报为200万元。

| 评估的重大错报风险 | 其他实质性程序未能发现重大错报的风险 | 其他实质性程序未能发现重大错报的风险 | 其他实质性程序未能发现重大错报的风险 | 其他实质性程序未能发现重大错报的风险 |
| --- | --- | --- | --- | --- |
| | 最高 | 高 | 中 | 低 |
| 最高 | 3.0 | 2.7 | 2.3 | 2.0 |
| 高 | 2.7 | 2.4 | 2.1 | 1.6 |
| 中 | 2.3 | 2.0 | 1.6 | 1.2 |
| 低 | 2.0 | 1.6 | 1.2 | 1.0 |

要求：（1）确定应收账款函证的样本量。

（2）假定注册会计师计算确定抽取80个账户（其中包括20个百分之百检查的样本）进行测试。审定结果如下：

单位：万元

| 组 | 账面金额 | 样本账面金额 | 样本审定金额 | 高估金额 |
|---|---|---|---|---|
| 100 万元以上 | 4 000 | 4 000 | 3 794 | 206 |
| 100 万元以下 | 16 000 | 2 600 | 2 426 | 174 |
| 合计 | 20 000 | 6 600 | 6 220 | 380 |

注册会计师检查了所发现的错报，这些错报都是由会计流程中的普通错误所导致的，认为总体错报金额与总体规模相关的可能性比与总体项目的总金额相关的可能性更大。请计算应收账款总体错报金额。如果注册会计师建议戊公司调整已发现的错报，戊公司管理层也接受了注册会计师的调整意见，注册会计师是否能接受总体，应当采取何种措施？

2. LX 会计师事务所的 X 注册会计师首次担任兴隆公司 2019 年度财务报表审计的项目合伙人，遇到下列导致出具非标准审计报告的事项：

（1）审计项目组针对兴隆公司管理层不提供“其提供的信息和交易的完整性”事项的书面声明，X 注册会计师拟发表保留意见。

（2）审计项目组发现兴隆公司大部分采购和销售交易为关联方交易，管理层 2019 年财务报表附注中披露关联方交易价格公允，由于缺乏公开市场数据，X 注册会计师无法对该披露做出评估，鉴于关联方对兴隆公司经营活动至关重要，X 注册会计师拟出具带强调事项段的无保留意见，提请使用者关注附注中披露的关联方交易价格的公允性。

（3）审计项目组在审计报告日前识别出其他信息与已审财务报表存在重大不一致，需要修改已审计财务报表而管理层拒绝修改，虽然该事项对财务报表影响重大，但不至于出具否定意见的审计报告，X 注册会计师拟发表带其他事项段的保留意见，并在其他事项段中指出该事项对兴隆公司财务报表可能产生的影响。

（4）审计项目组发现前任注册会计师对兴隆公司 2018 年度财务报表出具了非无保留意见审计报告，导致前任注册会计师发表非无保留意见的事项可能与对本期财务报表发表的意见既不相关也不重大，X 注册会计师拟发表保留意见。

（5）审计项目组发现 2019 年 12 月 1 日行业监管部门通报兴隆公司将受到处罚，一旦处罚裁定将对财务报表产生重大影响。但管理层的阻挠导致注册会计师无法获取充分、适当的审计证据，以评价是否存在或可能存在对财务报表产生重大影响的违反法律法规行为，X 注册会计师拟发表带强调事项段的无保留意见。

要求：单独考虑上述第（1）至（5）项，逐项指出 X 注册会计师拟发表的审计意见是否恰当，如不恰当，请指出 X 注册会计师应当出具的审计报告类型，并简要说明理由。

3. W 注册会计师负责对金鑫公司 2018 年度财务报表进行审计。与审计工作底稿相关的部分事项如下：

（1）由于在审计过程中识别出重大错报并提出审计调整建议，W 注册会计师重新评估并修改了重要性，并将记录计划阶段评估的重要性的工作底稿删除，代之以记录重新评估的重要性的工作底稿。

（2）对于询问被审计单位特定人员的程序，W 注册会计师在形成审计工作底稿时，以询问的时间、被询问人的姓名和岗位名称为识别特征。

（3）审计报告日期为2019年4月18日。W注册会计师于2019年4月20日将审计报告提交给金鑫公司管理层，并于2019年6月19日完成审计工作底稿的归档工作。

（4）在对审计工作底稿进行归档的过程中，W注册会计师对审计工作底稿进行了分类、整理和交叉索引，并签署了审计档案归整工作核对表。

（5）W注册会计师在审计工作底稿归档之后收到了一份银行询证函回函原件，于是用原件替换审计档案中的回函传真件。

要求：针对上述第（1）至（5）项，逐项指出W注册会计师的做法是否恰当。如不恰当，简要说明理由。

4. A注册会计师是X公司2019年度财务报表审计业务的项目合伙人。在审计过程中，需要实施函证程序，以获取充分适当的审计证据。具体审计计划的相关内容摘录如下：

（1）拟通过实施函证程序，获取充分、适当的审计证据，以证实应收账款的存在认定、营业收入的发生认定和营业成本的准确性认定。

（2）函证截止日为2019年12月15日。项目组拟在此日期前向X公司的客户发出询证函，要求客户在发现与X公司年末应收账款余额不一致的情况下及时回函说明。

（3）如果部分债务人直接向X公司回函，只要X公司在没有拆封的情况下直接转交项目组，就不必要求债务人直接向会计师事务所回函。

（4）为提高不可预见性以应对关联方交易的特别风险，在向关联方函证时，直接以会计师事务所的名义寄发积极式询证函。

（5）甲客户回函不承认截至2019年12月31日积欠X公司100万元货款的记载但承认2019年10月15日已收到X公司的80吨Y产品，信中附有包括“3个月内可以无条件退货”的补充销售协议。因X公司已于2020年1月20日收到货款，A注册会计师认为该笔应收账款不存在错报。

（6）寄发给欠款金额最大的乙公司的积极式询证函直到审计报告日没有收到复函，拟按审计范围受限对财务报表发表保留意见。

要求：请逐一考虑上述每种情况，指出A注册会计师执行函证程序是否存在不当之处，如认为存在不当，请简要说明理由，并提出改进建议。

5. W公司是XYZ会计师事务所常年审计客户，A注册会计师担任项目合伙人，B注册会计师担任项目质量控制复核负责人，有关XYZ会计师事务所质量控制复核制度摘录如下：

（1）为确保复核的保密性，项目质量控制复核人B不得与项目合伙人A讨论业务的相关事项。

（2）在项目质量控制复核阶段，由于事务繁忙，B注册会计师从候选人中择优挑取了4名实习生辅助其复核工作。

（3）根据B注册会计师制定的标准，会计师事务所决定不对W公司子公司的财务报表审计项目实施项目质量控制复核。

（4）在项目质量控制复核过程中，B注册会计师由于疏忽，忽略了审计报告中的错误，导致最终审计失败。B注册会计师应当为此负主要责任。

（5）XYZ会计师事务所每年都应当将质量控制制度的监控结果传达给项目合伙人或相关人员。

要求：针对上述第（1）至（5）项，逐项指出 XYZ 会计师事务所的质量控制制度的内容是否恰当。如不恰当，简要说明理由。

6. ABC 会计师事务所的 A 注册会计师负责审计甲集团公司 2019 年度财务报表，与集团审计相关的部分事项如下：

（1）乙公司为不重要的组成部分，A 注册会计师对组成部分注册会计师的专业胜任能力存在重大疑虑，因此，对其审计工作底稿实施了详细复核，不再实施其他审计程序。

（2）丙公司为甲集团公司 2019 年新收购的子公司，存在导致集团财务报表发生重大错报的特别风险，A 注册会计师要求组成部分注册会计师使用组成部分重要性对丙公司财务信息实施审阅。

（3）丁公司为海外子公司，A 注册会计师要求担任丁公司组成部分注册会计师的境外会计师事务所确认其是否了解并遵守中国注册会计师职业道德守则的规定。

（4）联营公司戊公司为重要组成部分，因无法接触戊公司的管理层和注册会计师，A 注册会计师取得了戊公司 2019 年度财务报表和审计报告、甲集团公司管理层拥有的戊公司财务信息及作出的与戊公司财务信息有关的书面声明，认为这些信息已构成与戊公司相关的充分、适当的审计证据。

（5）2020 年 2 月 15 日，组成部分注册会计师对己公司 2019 年度财务信息出具了审计报告，A 注册会计师对己公司 2020 年 2 月 15 日至集团审计报告日期间实施了期后事项审计程序，未发现需要调整或披露的事项。

要求：针对上述第（1）至（5）项，逐项指出 A 注册会计师的做法是否恰当。如不恰当，简要说明理由。

**四、综合题**（本题共 19 分）

长兴公司是 XYZ 会计师事务所的常年审计客户，主要从事 a、b 和 c 三类石化产品的生产和销售。A 注册会计师负责审计长兴公司 2019 年度财务报表，按照税前利润的5% 确定财务报表整体的重要性为 60 万元（本题资料包括：资料一资料二资料三资料四）。

资料一：

A 注册会计师在审计工作底稿中记录了所了解的长兴公司情况及其环境，部分内容摘录如下：

（1）长兴公司利用 ERP 系统核算生产成本，在以前年度，利用 ERP 系统之外的 G 软件手工输入相关数据后进行存货账龄的统计和分析。2019 年，信息技术部门在 ERP 系统中开发了存货账龄分析子模块，于每月末自动生成存货账龄报告。长兴公司会计政策规定，应当结合存货账龄等因素确定存货期末可变现净值，计提存货跌价准备。

（2）与以前年度相比，长兴公司 2019 年度固定资产未大幅变动，与折旧相关的会计政策和会计估计未发生变更。

（3）长兴公司委托第三方加工生产 a 产品。自 2019 年 2 月起，新增乙公司为委托加工方。长兴公司支付给乙公司的单位产品委托加工费较其他加工方高 20% 。管理层解释，由于乙公司加工的产品质量较高，因此委托乙公司加工 a 产品并向其支付较高的委托加工费。A 注册会计师发现，2019 年 a 产品的退货大部分由乙公司加工。

(4) b产品5月至8月的直接人工成本总额较其他月份有明显增加，单位人工成本没有明显变化，销售部、生产部和人力资源部经理均解释由于b产品有季节性生产的特点，需要雇用大量临时工。这与A注册会计师在以前年度了解的情况一致。

(5) 为方便安排盘点人员，长兴公司将a和b产品的年度盘点时间确定为2019年12月31日，将c产品的年度盘点时间确定为2019年12月20日。自2019年12月25日起，由新入职的存货管理员负责管理c产品并在ERP系统中记录其数量变动。

(6) 长兴公司租用丙公司独立仓库储存部分产成品。2019年12月31日，该部分产成品的账面价值为300万元。长兴公司与丙公司在年末对账时发现80万元的差异，丙公司解释，该差异是由于长兴公司客户于2019年12月30日已提货，而相关单据尚未传至长兴公司所致。

资料二：

A注册会计师在审计工作底稿中记录了有关制造费用的财务数据，部分内容摘录如下：

金额单位：万元

| 明细项目 | 未审数 | 已审数 |
|---|---|---|
| | 2019年 | 2018年 |
| 折旧费用 | 1 000 | 1 200 |
| 修理费 | 300 | 310 |
| 物料消耗 | 200 | 210 |
| 水电费 | 150 | 130 |
| 间接人工成本 | 100 | 90 |
| 其他 | 50 | 60 |
| 总计 | 1 800 | 2 000 |

资料三：

A注册会计师在审计工作底稿中记录了拟实施的进一步审计程序，部分内容摘录如下：

(1) 测试信息技术一般性控制和与ERP系统中存货账龄分析子模块相关的信息技术应用控制。

(2) 抽样检查各产品月度生产成本分配表，主要包括：①月末产品生产成本在产成品和在产品中分配的方法是否正确；②相关数据是否与产品成本计算表、会计记录一致；③是否经相关人员复核和批准等。

(3) 对委托加工费实施实质性分析程序。

(4) 对直接人工成本实施实质性分析程序。

(5) 对a和b产品实施年末监盘程序。

(6) 对2019年12月31日存放在丙公司的存货实施函证程序，并检查存货发运凭证、对账差异调节表等书面记录，确定差异原因是否为时间性差异。

资料四：

2019年12月31日，长兴公司存货的账面余额为2 000万元，未计提存货跌价准备。A注册会计师结合销售合同等因素确定了b产品和相关原材料的可变现净值，认为应计提跌价准备70万元，并向管理层提出调整建议。管理层以该金额不重大为由拒绝调整。

要求：

1. 针对资料一第（1）至（6）项，结合资料二，假定不考虑其他条件，逐项指出资料一所列事项是否可能表明存在重大错报风险。如果认为存在重大错报风险，简要说明理由，并说明该风险主要与哪些财务报表项目（仅限于营业收入、营业成本、资产减值损失、应收账款、存货、固定资产和应付职工薪酬）的哪些认定相关。

2. 针对资料三第（1）至（6）项的审计程序，假定不考虑其他条件，逐项指出相关审计程序与根据资料一（结合资料二）识别的重大错报风险是否直接相关。如果不直接相关，指出与该审计程序直接相关的财务报表项目和认定。

3. 针对资料四，假定不考虑其他因素（如所得税），代 A 注册会计师判断应出具何种类型的审计报告，并编写审计报告（仅写“一、对财务报表出具的审计报告”段的内容，不包括责任段）。

# 2020 年注册会计师全国统一考试
# 《审计》全真模拟试题（二）参考答案及解析

## 一、单项选择题

1. 答案：B

解析：政府审计具有更大的强制力，故 A 错误；政府审计的依据是《中华人民共和国审计法》和审计署制定的《国家审计准则》，故 C 错误；注册会计师对审计过程中发现的问题只能提请被审计单位调整有关数据或进行披露，没有行政强制力，故 D 错误。

2. 答案：B

解析：选项 A，组成部分注册会计师，是指基于集团审计目的，按照集团项目组的要求，对组成部分财务信息执行相关工作的注册会计师；选项 C，重要组成部分，是指集团项目组识别出的具有下列特征之一的组成部分：（1）单个组成部分对集团具有财务重大性；（2）由于单个组成部分的特定性质或情况，可能存在导致集团财务报表发生重大错报的特别风险。从题干信息无法判断 C 公司是否应确定为重要组成部分（不能因为是全资子公司就确定为重要组成部分）；选项 D，如果 B 公司不是重要组成部分，可以仅实施集团层面的分析程序，不一定必须执行审计工作。

3. 答案：C

解析：下列原因可能导致被审计单位要求变更业务：（1）环境变化对审计服务的需求产生影响；（2）对原来要求的审计业务的性质存在误解；（3）无论是管理层施加的还是其他情况引起的审计范围受到限制。上述第（1）和第（2）项通常被认为是变更业务的合理理由。选项 A、B、D 都不是变更业务的合理理由，选项 C 是合理理由。

4. 答案：D

解析：注册会计师对发表的审计意见独立承担责任，这种责任并不因利用专家的工作而减轻，选项 D 不正确。

5. 答案：A

解析：主任会计师应该在会计师事务所内部形成以质量为导向的文化，而不是以服务为导向的文化。

6. 答案：B

解析：选项 A，会计师事务所将质量控制政策和程序形成书面文件，并传达到了全体成员；选项 C，会计师事务所包括其分所应当制定统一的质量控制制度；选项 D，注册会计师在执行所有业务时都应当遵守诚信原则。

7. 答案：D

解析：选项 D 正确，在连续审计业务中，可能导致修改或需要提醒被审计单位注意业务约定条款的是：（1）有迹象表明被审计单位误解审计目标和范围；（2）需要修改约定条款或者增加特别条款；（3）被审计单位高级管理人员近期发生变动；（4）被审计单位所有权发生重大变化；（5）被审计单位业务的性质或规模发生重大变化；（6）法律法规的规定发生变化；（7）编制财务报表采用的会计准则和相关会计制度发生变更；（8）其他报告要求发生变化。

8. 答案：D

解析：选项 D 不会增加其他事项段，而是发表保留意见或否定意见。

9. 答案：C

解析：根据企业会计准则的规定，企业取得投资者投入的固定资产，应当按照投资合同或协议约定的价值确定入账。在合同或协议约定价值不公允的情况下，按照该项固定资产的公允价值作为入账价值。因此，选项 C 按投资方原账面价值作为入账价值是不正确的。

10. 答案：C

解析：重大错报风险指财务报表在审计前存在重大错报的可能性，独立于注册会计师的审计工作而存在。

11. 答案：D

解析：一般控制对控制风险的影响：无效的一般控制增加了应用控制不能防止或发现并纠正认定层次重大错报的可能性，即使这些应用控制本身得到了有效设计；如果一般控制有效，注册会计师可以更多地信赖应用控制，测试这些控制的运行有效性，并将控制风险评估为低于“最高”水平；考虑到公司层面信息技术控制是公司的整体控制环境，决定了信息技术的风险基准，因此，注册会计师通常优先评估公司层面信息技术控制和信息技术一般控制的有效性。

12. 答案：B

解析：在某些情况下，管理层可能有能力直接作出点估计，所以选项 B 错误。

13. 答案：B

解析：在定义抽样单元时，注册会计师也应考虑实施计划的审计程序获替代程序的难易程度，选项 B 错误。

14. 答案：C

解析：当日收入现金应及时存入银行，不能坐支现金。因特殊情况需坐支现金的，应事先报经开户银行审查批准。

15. 答案：A

解析：如果审查入账的完整性，则最佳的审计程序是从原始凭证追查到日记账。所以选项 A 是正确的。

16. 答案：D

解析：对于舞弊导致的重大错报风险（作为一类重要的特别风险），被审计单位存在故意错报或操纵的可能性。如果已识别出由于舞弊导致的重大错报风险，为将期中得出的结论延伸至期末而实施的审计程序通常是无效的，注册会计师应当考虑在期末或者接近期末实施实质性程序，所以选项 D 正确。

17. 答案：D

解析：注册会计师对被审计单位及其环境的了解程度，要低于管理层为经营管理企业而对被审计单位及其环境的了解程度。

18. 答案：D

解析：如果组成部分注册会计师不符合与集团审计相关的独立性要求，或集团项目组对组成部分注册会计师职业道德、专业胜任能力和所处的监管环境存有重大疑虑，集团项目组应当就组成部分财务信息获取充分、适当的审计证据，而不应要求组成部分注册会计师对组成部分财务信息执行相关工作。但是，集团项目组可以通过参与组成部分注册会计师的工作、实施追加的风险评估程序或对组成部分财务信息实施进一步审计程序，消除对组成部分注册会计师专业胜任能力的并非重大的疑虑（如认为其缺乏行业专业知识），或消除组成部分注册会计师未处于积极有效的监管环境中的影响。所以选项 D 正确。

19. 答案：C

解析：注册会计师需要针对期后期间询问并检查下列信息：（1）在期后期间出具的内部审计报告或类似报告；（2）其他注册会计师出具的涉及企业内部控制缺陷的报告；（3）监管机构发布的涉及企业内部控制的报告；（4）注册会计师在执行其他业务中获取的、有关企业内部控制有效性的信息。

20. 答案：D

解析：选项 D 不属于审计工作底稿编制的目的。

21. 答案：B

解析：管理层已提供可靠书面声明的事实，并不影响注册会计师就管理层责任履行情况或具体认定获取的其他审计证据的性质和范围。

22. 答案：B

解析：选项 A，授权和批准本身不足以就是否不存在由于舞弊或错误导致的重大错报风险得出结论；选项 C，对于关联方交易函证可靠性会降低；选项 D，应当评价关联方交易是否已按照适用的财务报告编制基础得到恰当会计处理和披露。

23. 答案：C

解析：B 应该通过函证的程序，对被审计单位资产负债表中往来账目的相关认定进行获取审计证据并作出评价，应取得乙公司相关情况的书面声明。

24. 答案：A

解析：在了解被审计单位对会计政策的选择和运用是否适当时，注册会计师应当关注下列重要事项：（1）重要项目的会计政策和行业惯例；（2）重大和异常交易的会计处理方法；（3）在新领域和缺乏权威性标准或共识的领域，采用重要会计政策产生的影响；（4）会计政策的变更；（5）被审计单位何时采用以及如何采用新颁布的会计准则和相关会计制度。

25. 答案：C

解析：信息技术应用控制属于业务流程层面控制，选项 A、B、D 属于整体层面控制。

## 二、多项选择题

1. 答案：ABCD

解析：四个选项均正确，在确定实质性分析程序使用的数据是否可靠时，注册会计师通常考虑下列因素：（1）可获得信息的来源；（2）可获得信息的可比性；（3）可获得信息的性质和相关性；（4）与信息编制相关的控制。如果注册会计师通过测试获知与信息编制相关的控制越有效，或信息在本期或前期经过审计，该信息可靠性越高。

2. 答案：ABD

解析：考虑是否具备执行业务所必要的素质是做出接受或保持客户关系之前要做的事项。如果决定接受或保持客户关系和具体业务，会计师事务所应当与客户就相关问题达成一致理解，并形成书面业务约定书，将对业务的性质、范围和局限性产生的误解的风险降至最低。

3. 答案：ABD

解析：如果在外勤工作时注册会计师让被审计单位的会计人员拿着函证到被询证方盖章，函证回函由于经被审计单位流转，其可靠性降低，故选项 C 不适当。

4. 答案：ABCD

5. 答案：ABCD

6. 答案：ABCD

7. 答案：ABCD

解析：选取并测试会计分录和其他调整时应考虑的因素：（1）对由于舞弊导致的重大错报风险的评估（选项 A）；（2）对会计分录和其他调整已实施的控制（选项 B）；（3）被审计单位的财务报告过程以及所能获取的证据的性质（选项 D）；（4）虚假会计分录或其他调整的特征（选项 C）；（5）账户的性质和复杂程度；（6）在日常经营活动之外处理的会计分录或其他调整。

8. 答案：ABC

解析：当注册会计师发现较高级别的管理层有舞弊行为时，首先应当重新评估舞弊导致的重大错报风险，并考虑重新评估的结果对审计程序的性质、时间和范围的影响；第二，应当考虑此前获取的审计证据的可靠性；第三，应当尽早就舞弊事项与治理层沟通；最后，根据法律法规的规定，确定是否需要向监管机构报告管理层舞弊。

9. 答案：ABC

解析：针对旨在减轻特别风险的控制，本期审计时应当进行测试（选项 D 错误）。在确定是否需要在本期测试某项控制以获得控制运行有效性的审计证据时，注册会计师主要考虑以下五个方面的因素：（1）该控制是否针对特别风险；（2）该控制在最近两年是否被测试过；（3）该控制在本年是否发生变化；（4）现实需要测试的因素，如复杂的人工控制；（5）是否需要满足每年测试一部分控制的要求而测试。

10. 答案：CD

解析：主任会计师应当对项目质量控制承担最终责任，选项 A 错误；会计师事务所应当制定以质量为导向的质量控制制度和程序，选项 B 错误。

## 三、简答题

1. 答案：

（1）确定应收账款函证的样本量。样本规模 =（总体账面金额/可容忍错报）× 保证系数 =（20 000 − 4 000）/1 000 × 2.7 ≈ 44

（2）注册会计师应当采用差异法估计总体错报金额。总体错报金额 =（样本审定金额 −

样本账面金额）/样本规模×总体规模=174/60×（420－20）=1 160（万元），应收账款总体错报金额=1 160+206=1 366（万元）。由于戊公司已对检查的应收账款账户出现的错报380（206+174）万元进行了调整，在评价财务报表整体是否存在重大错报时不需要考虑这些项目，因此剩余的推断错报为986（1 366－380）万元。注册会计师确定的可容忍错报为1 000万元，未调整的错报986万元接近可容忍错报。由于采用非统计抽样，如果考虑抽样风险，总体错报可能会超过1 000万元，因此注册会计师不能接受总体，即认为账面金额可能存在错报，注册会计师在评价财务报表整体是否存在重大错报时，应当将错报与其他审计证据一起考虑。通常，注册会计师会建议戊公司对错报进行调查，且在必要时调整账面记录；修改进一步审计程序的性质、时间和范围；考虑对审计报告的影响。

2. 答案：

（1）不恰当。应当出具无法表示意见的审计报告。理由：管理层应当针对“其提供的信息和交易的完整性”事项提供书面声明，否则注册会计师应当对财务报表发表无法表示意见。

（2）不恰当。应当出具保留意见或无法表示意见的审计报告。理由：因为实施审计程序的范围受到限制。

（3）不恰当。应当出具保留意见审计报告，不能在保留意见段后增加其他事项段。理由：该事项对财务报表虽影响重大，但不至于出具否定意见的审计报告，注册会计师应当出具保留意见的审计报告，不能带其他事项段。

（4）不恰当。需出具无保留意见审计报告。理由：导致前任注册会计师发表非无保留意见的事项可能与对本期财务报表发表的意见既不相关也不重大。

（5）不恰当。应当出具保留意见或无法表示意见的审计报告。理由：因管理层的阻挠而无法获取充分、适当的审计证据，以评价是否存在或可能存在对财务报表产生重大影响的违反法律法规行为，注册会计师应当根据审计范围受到限制的程度，发表保留意见或无法表示意见。

3. 答案：

（1）不恰当。应当记录对重要性做出的修改以及理由，因此应当保留原重要性和重新评估的重要性之间的修改痕迹。

（2）恰当。

（3）不恰当。应当在报告日后60天内将工作底稿归档，即2019年6月17日前。

（4）恰当。

（5）不恰当。在完成归档后，不应在规定保管期限届满前删除或废弃任何审计工作底稿。

4. 答案：

（1）存在不当。函证程序可以证实应收账款的存在认定与营业收入的发生认定，但不足以证实营业成本的准确性认定。

（2）存在不当。12月15日之前寄发的询证函无法提供X公司12月31日的应收账款余额，导致客户无法核对，失去了将截止日提前的意义。

（3）存在不当。即使X公司没有拆封且直接转交给会计师事务所，也不符合审计准则的规定。注册会计师不能同意债务人将询证函直接寄给X公司。

（4）存在不当。以会计师事务所名义实施函证不符合审计准则。按规定，会计师事务所应以被审计单位的名义向客户寄发询证函。

（5）存在不当。X公司于2019年末在退货期届满之前确认营业收入，不符合会计制度规定，应要求 X 公司相应调整财务报表。

（6）存在不当。在无法收到复函的情况下，应当考虑实施函证替代程序，在此之前不能确定审计意见。

5. 答案：

（1）不恰当。提高项目质量控制复核质量的方法之一是与项目合伙人进行讨论。

（2）不恰当。招聘工作应当由人事管理部门负责，项目质量控制复核负责人不得负责招聘工作。

（3）不恰当。是否对非上市实体进行项目质量控制复核的标准应当由会计师事务所制定，不应当由项目质量控制复核负责人制定。

（4）不恰当。项目质量控制复核既不能代替也不能减轻审计项目合伙人的责任。

（5）恰当。

6. 答案

（1）不恰当。对组成部分注册会计师的专业胜任能力存在重大疑虑，不应由组成部分注册会计师执行工作，应当由集团项目组亲自获取审计证据。

（2）不恰当。丙公司为重要组成部分，不应当执行审阅，应当对丙公司执行财务信息审计/特定账户余额、披露或交易审计/实施特定审计程序。

（3）恰当。

（4）不恰当。戊公司是重要组成部分，A 注册会计师取得的这些信息不能构成与戊公司相关的充分、适当的审计证据。

（5）恰当。

## 四、综合题

答案：

1.

| 事项序号 | 是否可能表明存在重大错报风险（是/否） | 理由 | 财务报表项目名称及认定 |
|---|---|---|---|
| （1） | 是 | 存在信息技术控制薄弱导致账龄分析不准确的风险，影响存货跌价准备的准确性 | 存货：准确性、计价和分摊<br>资产减值损失：准确性 |
| （2） | 是 | 其他因素没有明显变化的情况下，折旧费明显下降表明可能存在错报 | 固定资产：准确性、计价和分摊<br>存货：准确性、计价和分摊<br>营业成本：准确性 |
| （3） | 是 | 委托加工费明显偏高，管理层的解释与 A 注册会计师了解的情况不符，以上情况可能显示乙公司为未披露的关联方 | |
| （4） | 否 | | |
| （5） | 是 | 2019 年 12 月 20 日盘点，其后负责存货记录的员工发生变更，存在盘点日至资产负债表日之间存货变动未得到恰当记录的风险 | 存货：存在，完整性 |
| （6） | 是 | 存货对账差异可能表明存在收入截止错误 | 营业收入：截止，完整性<br>应收账款：完整性<br>营业成本：截止，完整性<br>存货：存在 |

2.

| 审计程序序号 | 是否与根据资料一（结合资料二）识别出的重大错报风险直接相关（是/否） | 与该审计程序直接相关的财务报表项目和认定 |
|---|---|---|
| （1） | 是 | |
| （2） | 否 | 存货（准确性、计价和分摊）；营业成本（准确性） |
| （3） | 否 | 存货（准确性、计价和分摊）；营业成本（准确性） |
| （4） | 不适用/无 | |
| （5） | 否 | 存货（存在，完整性，准确性、计价和分摊，权利和义务，列报） |
| （6） | 是 | |

3.

长兴股份有限公司全体股东：

对财务报表出具的审计报告

（一）保留意见

我们审计了长兴股份有限公司（以下简称“长兴公司”）财务报表，包括2019年12月31日的资产负债表，2019年度的利润表、现金流量表、股东权益变动表以及相关财务报表附注。

我们认为，除“形成保留意见的基础”部分所述事项产生的影响外，后附的财务报表在所有重大方面按照企业会计准则的规定编制，公允反映了长兴公司2019年12月31日的财务状况以及2019年度的经营成果和现金流量。

（二）形成保留意见的基础

长兴公司2019年12月31日资产负债表中列示的存货余额为2 000万元。管理层未按照企业会计准则（或：企业会计准则和《企业会计制度》）的规定对存货按成本与可变现净值孰低计量。如果按成本与可变现净值孰低计量，存货账面价值将减少70万元。相应地，资产减值损失将增加70万元，净利润和股东权益将分别减少70万元。

我们按照中国注册会计师审计准则的规定执行了审计工作。审计报告的“注册会计师对财务报表审计的责任”部分进一步阐述了我们在这些准则下的责任。按照中国注册会计师职业道德守则，我们独立于长兴公司，并履行了职业道德方面的其他责任。我们相信，我们获取的审计证据是充分、适当的，为发表审计意见提供了基础。

# 2020年注册会计师全国统一考试
# 《审计》全真模拟试题（三）

**一、单项选择题**（本题型共25小题，每小题1分，共25分。每小题只有一个正确答案，请从每小题的备选答案中选出一个你认为正确的答案，用鼠标点击相应的选项。）

1. 被审计单位管理层声明书通常由管理层中对被审计单位及其财务负主要责任的人员签署。当被审计单位管理层拒绝提供注册会计师认为必要的书面声明，且无法实施其他替代程序获取审计证据时，注册会计师正确的做法是（　　）。

A. 应根据影响程度出具保留意见或否定意见的审计报告

B. 因为管理层声明书的证明力不强，注册会计师仍然可以出具无保留意见的审计报告

C. 应当征询律师意见，并在股东大会上陈述

D. 应将其视为审计范围受到限制，出具保留意见或无法表示意见的审计报告

2. 在业务执行中，针对项目组内部、项目组与被咨询者之间及项目合伙人与项目质量控制复核人员之间的意见分歧，下列说法中恰当的是（　　）。

A. 会计师事务所应当根据项目合伙人的意见确定意见分歧事项的结果制定政策和程序以处理和解决意见分歧

B. 可以向被审计单位管理层咨询

C. 出现意见分歧是不正常现象，影响审计效果及效率

D. 只能在意见分歧问题得到解决后，才能出具审计报告

3. 下列有关期后事项审计的说法中，错误的是（　　）。

A. 在财务报表报出后，如果被审计单位管理层修改了财务报表，且注册会计师提供了新的审计报告或修改了原审计报告，注册会计师应当在新的或经修改的审计报告中增加强调事项段或其他事项段予以说明

B. 注册会计师应当恰当应对在审计报告日后知悉的、且如果在审计报告日知悉可能导致注册会计师修改审计报告的事实

C. 在设计用以识别期后事项的审计程序时，注册会计师应当考虑风险评估的结果，但无须考虑对之前已实施审计程序并已得出满意结论的事项执行追加的审计程序

D. 注册会计师应当设计和实施审计程序，以确定所有在财务报表日至审计报告日之间发生的事项均已得到识别

4. 在执行内部控制审计时，下列有关注册会计师选择拟测试的控制的说法中，错误的是（　　）。

A. 注册会计师应当选择测试对形成内部控制审计意见有重大影响的控制

B. 注册会计师无须测试即使有缺陷也合理预期不会导致财务报表重大错报的控制

C. 注册会计师选择拟测试的控制，应当涵盖企业管理层在执行内部控制自我评价时测试的控制

D. 注册会计师通常选择能够为一个或多个重要账户或列报的一个或多个相关认定提供最有效果或最有效率的证据进行测试

5. 下列各项中，不属于后任注册会计师的是（　　）。

A. 正在考虑接受委托，准备与前任注册会计师沟通以作决定的甲注册会计师

B. 同一会计师事务所中不同分部的乙注册会计师

C. 重新审计时被审计单位聘请的第二任丙注册会计师

D. 已经接受委托接替前任注册会计师的丁注册会计师

6. 下列有关职业判断的说法中，不正确的是（　　）。

A. 如果有关决策不该被该业务的具体实施的情况所支持，职业判断并不能作为注册会计师作出不恰当决策的理由

B. 注册会计师恰当记录与被审计单位的相关决策结论进行沟通的方式与时间，有利于提高职业判断的可辩护性

C. 保持职业怀疑有助于注册会计师提高职业判断质量

D. 职业判断涉及与具体会计处理和审计程序相关的决策，但不涉及与遵守职业道德要求相关的决策

7. 注册会计师为测试系统身份认证的控制，是否确实如设计般有效运作，最可能执行下列（　　）审计程序。

A. 利用无效的用户名及密码尝试进入系统

B. 仿真客户安全控制软件程序，编写一个计算机程序

C. 随机选取系统所处理的部分交易，并测试这些交易是否经过适当的审批

D. 检查员工所做的有关他们未将个人用户名及密码外泄给别人的声明

8. 下列各项中，不属于审计固有限制的来源的是（　　）。

A. 注册会计师获取审计证据的能力受到法律上的限制

B. 注册会计师可能满足于说服力不足的审计证据

C. 管理层可能不提供编制财务报表相关的全部信息

D. 管理层在编制财务报表的过程中可能运用到判断

9. 下列情况中，会员披露客户信息违反了保密原则的是（　　）。

A. 为法律诉讼出示文件或提供证据

B. 为后任注册会计师提供审计准则所要求的沟通内容，沟通前未征得客户的同意

C. 接受注册会计师协会或监管机构的质量检查，提供客户的审计工作底稿

D. 在事务所的手册中列示为客户的某项目做咨询成功的案例和相关业绩数据，且已取得客户的授权

10. 运用审计抽样进行细节测试时，对总体进行分层可以提高抽样效率的是（　　）。

A. 总体规模较大

B. 总体变异性较大

C. 误拒风险较高

D. 预计总体错报较高

11. 注册会计师从总体规模为 200 个、账面价值为 60 000 元的存货项目中选取 40 个项目（账面价值 10 000 元）进行检查，确定其审定金额为 9 700 元。如果采用比率法，注册会计师推断的存货总体错报为（　　）元。

A. 1 600　　B. 1 800

C. 1 850　　D. 1 900

12. 下列关于比较信息的说法中，不正确的是（　　）。

A. 实施本期审计，既包括对本期财务报表中所含的本期数据的审计，也包括对本期财务报表中所含的比较信息的审计

B. 管理层对上期财务报表中影响比较信息的重大错报进行更正而作出的任何重述，注册会计师均需要管理层提供特别书面声明

C. 如果上期导致非无保留意见的事项仍未解决，但未解决事项可能与本期数据无关，注册会计师不应因此对本期财务报表发表非无保留意见

D. 如果上期导致非无保留意见的事项已经解决，并已在财务报表中作出适当的披露，注册会计师应当仅对本期财务报表发表审计意见

13. 如果注册会计师在审计报告日前获取的其他信息中识别出重大不一致，并且需要对其他信息作出修改，且在与治理层沟通后其他信息仍未得到更正，则注册会计师应当采取一定的措施。那么下列措施中，不恰当的是（　　）。

A. 考虑对审计报告的影响

B. 拒绝提交审计报告

C. 就注册会计师计划如何在审计报告中处理重大错报与治理层进行沟通

D. 解除业务约定

14. 下列有关识别特征的说法中，错误的是（　　）。

A. 对于需要询问被审计单位中特定人员的审计程序，注册会计师可能会以询问的时间、被询问人的姓名及职位作为识别特征

B. 对于观察程序，注册会计师可以以观察的对象或观察过程、相关被观察人员及其各自的责任、观察的地点和时间作为识别特征

C. 对于需要系统化抽样的审计程序，注册会计师可能会通过记录样本的来源、抽样的起点及抽样间隔来识别已选取的样本

D. 在对被审计单位生成的订购单进行细节测试时，注册会计师可以以订购单的数量和金额作为测试订购单的识别特征

15. 注册会计师审计被审计单位的营业收入时，以 2019 年 12 月 31 日为截止日实施营业收入截止测试发现：被审计单位与 M 国代理商签订 500 万元产品代理协议，协议约定被审计单位采用 CIF（到岸价）方式销售。2019 年 12 月 28 日开出销售发票，12 月 29 日货物发出装运离港，次年 1 月 20 日货物抵达 M 国并验收合格，1 月 25 日对方付款，26 日该款项到账。注册会计师应检查营业收入的正确截止日期应为（　　）。

A. 2019 年 12 月 28 日　　　　B. 2020 年 1 月 20 日
C. 2020 年 1 月 25 日　　　　D. 2020 年 1 月 26 日

16. 下列有关注册会计师针对“回函可靠性”的考虑中，不正确的是（　　）。
A. 通过邮寄方式收到的回函，注册会计师可以验证“被询证者确认的询证函是否是原件，是否与注册会计师发出询证函是同一份”等信息
B. 通过跟函方式收到的回函，注册会计师可以观察处理询证函的人员是否按照处理函证的正常流程认真处理询证函
C. 以电子形式收到的回函，注册会计师必须要求被询证者提供回函文件
D. 在收到对询证函口头回复的情况下，注册会计师可以要求被询证者提供直接书面回复

17. 关于风险识别和评估的作用，下列说法中不恰当的是（　　）。
A. 注册会计师了解被审计单位及其环境，目的是为了识别和评估财务报表重大错报风险
B. 了解被审计单位及其环境获得的信息应当足以识别和评估财务报表的重大错报风险，制定总体应对措施及设计、实施进一步审计程序
C. 风险识别和评估贯穿于整个审计过程
D. 注册会计师对被审计单位及其环境的了解程度，应当高于管理层为经营管理企业而对被审计单位及其环境的了解程度

18. 在下列（　　）情况下必须将项目组成员调离鉴证小组。
A. 项目组成员甲担任审计客户的独立董事
B. 项目组成员乙的侄子将自己的住房出租给审计客户
C. 项目组成员丙持有审计客户 100 股股票
D. 项目组成员丁的妹妹担任审计客户的会计部经理

19. 下列选项中，不可以作为注册会计师专家的是（　　）。
A. 网络所的合伙人或员工
B. 会计审计领域有专长的个人或者组织
C. 被审计单位的管理层的专家
D. 会计师事务所的临时员工

20. 下列对于收费的描述中，会计师事务所可以采取防范措施消除不利影响或将其降至可接受水平的是（　　）。
A. 或有收费是由参与审计工作重要组成部分的某一网络事务所收取，并且对该网络事务所是重大的或预期是重大的
B. 非鉴证服务的结果及其对该服务的收费金额取决于现在或未来的职业判断，该判断与财务报表项目重大金额的审计相关
C. 审计客户长期未支付应付的审计费用，且大部分费用在下一年度出具审计报告之前仍未支付，可能产生自身利益威胁
D. 或有收费是由对财务报表发表意见的会计师事务所收取，并且该项收费对该会计师事务所是重大的或预期是重大的

21. 下列控制活动中，属于检查性控制的是（　　）。

A. 信息技术部根据人事部提供的员工岗位职责表在系统中设定用户权限

B. 仓库管理员根据经批准的发货单办理出库

C. 采购部对新增供应商执行背景调查

D. 财务人员每月末与客户对账，并调查差异

22. 下列各项中不属于对拟实施审计程序的性质、时间安排或范围作出总体修改的是（　　）。

A. 在期末而非期中实施更多的审计程序

B. 通过实施实质性程序获取更广泛的审计证据

C. 指派更有经验或具有特殊技能的审计人员，或利用专家的工作提供更多的督导

D. 增加拟纳入审计范围的经营地点的数量

23. 下列与销售相关的内部控制中，与营业收入的发生认定直接相关的是（　　）。

A. 仓库只有在收到经批准的销售单时才能编制发运凭证并供货

B. 负责开具销售发票的员工无权修改开票系统中已设置好的商品价目表

C. 依据有效的发运凭证和销售单及销售发票记录销售

D. 一般定期对应收账款的可回收性进行评估，并基于一定的指标（例如账龄、客户的财务状况等）计提坏账准备

24. 基于集团财务报表审计，关于如何确定组成部分重要性，以下陈述中，错误的是（　　）。

A. 针对不同的组成部分确定的重要性可能有所不同

B. 在确定组成部分重要性时，无需采用将集团财务报表整体重要性按比例分配的方式

C. 对不同组成部分确定的重要性的汇总数，有可能高于集团财务报表整体重要性

D. 组成部分确定的实际执行的重要性可能高于组成部分计划的重要性

25. 对被审计单位财务报表审计中，追加的控制测试主要在期中工作期间执行，而实质性程序则主要在期末工作时执行，双重目的测试是指（　　）。

A. 在对内部控制取得了解的同时执行控制测试

B. 在控制测试的同时进行实质性测试

C. 在对内部控制取得了解的同时执行实质性程序

D. 在实质性程序的同时对内部控制取得了解

**二、多项选择题**（本题型共10小题，每小题2分，共20分。每小题均有多个正确答案，请从每小题的备选答案中选出你认为正确的答案，用鼠标点击相应的选项。每小题所有答案选择正确的得分；不答、错答、漏答均不得分。）

1. 根据被审计单位的实际情况，注册会计师可以选择以下方法对应付账款执行实质性分析程序的有（　　）。

A. 分析存货和营业成本等项目的增减变动，判断应付账款增减变动的合理性

B. 检查与应付账款有关的供应商发票、验收报告或入库单

C. 将期末应付账款余额与期初余额进行比较，分析波动原因

D. 分析长期挂账的应付账款，要求被审计单位作出解释，判断被审计单位是否缺乏偿债能力或利用应付账款隐瞒利润；并注意其是否可能无须支付，对确定无须支付的应付款的

会计处理是否正确，依据是否充分

2. 下列有关采用总体审计方案的说法中，错误的有（　　）。

A. 注册会计师可以针对不同认定采用不同的审计方案

B. 注册会计师可以采用综合性方案或实质性方案应对重大错报风险

C. 注册会计师应当采用实质性方案应对特别风险

D. 注册会计师应当采用与前期审计一致的审计方案，除非评估的重大错报风险发生重大变化

3. 下列有关期后事项审计的说法中，正确的有（　　）。

A. 注册会计师应当设计和实施审计程序，获取充分、适当的审计证据，以确定所有在财务报表日至财务报表报出日之间发生的、需要在财务报表中调整或披露的事项均已得到识别

B. 注册会计师应当恰当应对在审计报告日后知悉的、且如果在审计报告日知悉可能导致注册会计师修改审计报告的事实

C. 注册会计师应当要求管理层提供书面声明，确认所有在财务报表日后发生的、按照适用的财务报告编制基础的规定应予调整或披露的事项均已得到调整或披露

D. 在财务报表报出后，注册会计师没有义务针对财务报表实施任何审计程序

4. 会计师事务所在执行客户接受与保持程序时应当获取相关信息的有（　　）。

A. 具有执行业务必要的素质和专业胜任能力

B. 前任注册会计师的相关工作底稿

C. 能够遵守相关职业道德要求

D. 具有执行业务必要的时间和资源

5. 注册会计师专门针对管理层凌驾于控制之上的风险设计和实施会计分录测试。会计分录测试的步骤包括（　　）。

A. 了解被审计单位的财务报告流程，以及针对会计分录和其他调整已实施的控制，必要时，测试相关控制的运行有效性

B. 确定待测试会计分录和其他调整的总体，并测试总体的适当性

C. 从总体中选取待测试的会计分录及其他调整

D. 测试选取的会计分录及其他调整，并记录测试结果

6. 注册会计师实施的以下审计程序中，可能与存货的准确性、计价和分摊认定相关的是（　　）。

A. 在实施存货监盘时，关注存货的品质状况

B. 从发货凭证追查到存货明细账的贷方

C. 在实地观察存货盘点时，关注存货积压、滞销情况

D. 将原材料年末可变现净值与账面成本比较

7. 针对被审计单位的定期存款，注册会计师实施的审计程序包括（　　）。

A. 向管理层询问定期存款存在的商业理由并评估其合理性

B. 对未质押的定期存款，需核对存款人、金额、期限

C. 结合财务费用审计测算利息收入的合理性，判断是否存在体外资金循环的情形

D. 对于为他人担保的定期存单，关注担保是否逾期

8. 下列有关统计抽样和非统计抽样的说法中，正确的是（　　）。

A. 注册会计师应当根据具体情况并运用职业判断，确定使用统计抽样或非统计抽样方法

B. 注册会计师在统计抽样与非统计抽样方法之间进行选择时主要考虑成本效益

C. 非统计抽样如果设计适当，也能提供与统计抽样方法同样有效的结果

D. 注册会计师使用非统计抽样时，不需要考虑抽样风险

9. 如果管理层建立与关联方关系及其交易相关的控制，注册会计师应当询问管理层和被审计单位内部的其他人员，实施下列（　　）风险评估程序，以获取对相关控制的了解。

A. 按照适用的财务报告框架，对关联方关系及其交易进行识别、会计处理和披露

B. 授权和批准重大关联方交易和安排

C. 授权和批准非重大关联方交易和安排

D. 授权和批准超出正常经营过程的重大交易和安排

10. 下列各项工作中，注册会计师通常要运用实际执行的重要性的有（　　）。

A. 运用实质性分析程序时，确定已记录金额与预期值之间的可接受差异额

B. 确定需要对哪些类型的交易、账户余额或披露实施进一步审计程序

C. 运用审计抽样实施细节测试时，确定可容忍错报

D. 确定未更正错报对财务报表整体的影响是否重大

**三、简答题**（本题型共 6 小题 36 分。其中一道题可以选用中文或英文解答，请仔细阅读答题条件。如使用英文解答，须全部使用英文，答题正确的，增加 5 分。本题型最高得分为 41 分。）

1. XYZ 会计师事务所负责审计甲公司 2019 年度财务报表，审计工作底稿中与函证相关的部分内容摘录如下：

（1）审计项目组为了确保询证函中名称、地址等内容的准确性，通过拨打公共查询电话核实被询证者的名称和地址。

（2）甲公司应付账款可能存在多笔未入账的情况，项目组计划对应付账款实施函证程序，因此从截止到 2019 年 12 月 31 日的应付账款明细表中选择重要的询证对象。

（3）客户丙公司年末应收账款余额 150 万元，回函金额 140 万元。因差异金额高于明显微小错报的临界值，审计项目组据此提出了审计调整建议。

（4）客户丁公司回函邮戳显示发函地址与甲公司提供的地址不一致。甲公司财务人员解释是由于丁公司有多处办公地址所致。审计项目组认为该解释合理，在审计工作底稿中记录了这一情况。

（5）审计项目组针对甲公司的丁客户进行了跟函询证，在被审计单位员工陪同下，注册会计师到达丁客户单位后，将询证函交给丁客户相关人员 W，W 看完询证函后，直接回复函证事项无误。

要求：针对上述第（1）至（5）项，逐项指出审计项目组的做法是否恰当，并简要说明理由。

2. ABC 会计师事务所承接多家被审计单位 2019 年度财务报表审计业务，在执行项目质量控制复核及规范事务所质量控制规范时，遇到下列事项：

（1）A注册会计师作为甲公司审计项目合伙人，审计过程中就一项风险控制问题咨询了ABC会计师事务所技术部的B注册会计师。之后，甲公司管理层进一步提供了与该问题相关的资料。A注册会计师认为这些资料不改变原咨询结论，未再与B注册会计师讨论。

（2）2020年2月，因地址变更，ABC会计师事务所以“服务第一，最优之选”为主题在多家报纸刊登广告，并公告地址变更信息。

（3）合伙人考核和晋升制度规定，连续两年业务收入额排名前五位的高级经理晋级为合伙人，连续两年业务收入额排名后五位的合伙人降级为高级经理。

（4）在对乙公司进行审计的过程中，项目组内部在某项重大会计估计问题上存在分歧，经A注册会计师批准，出具了审计报告。

（5）会计师事务所在选取甲公司审计业务进行检查时，可以不事先告知该审计项目组。参与项目质量控制复核的人员不应承担该项业务的检查工作。

要求：针对上述第（1）至（5）项，假定不考虑其他条件，逐项指出上述做法是否恰当。如不恰当，简要说明理由。

3. A和B注册会计师在编制T公司2019年度财务报表的审计计划前，按审计准则的要求对被审计单位T公司及其环境进行了全面了解和记录。相关的工作底稿显示，存在以下情况：

（1）2019年6月30日，T公司于2017年6月30日从P银行借入金额为6 000万元、期限为两年的长期借款到期。虽然T公司最高管理人员多次与P银行信贷部协商，希望延长还款期半年，但P银行在委托K会计师事务所对T公司进行专项审计后，于2019年7月份收回了款项。

（2）为扩展业务，T公司出资1 000万元于2019年6月30日成功兼并了西部某省的两家公司，此举增加了T公司在西部市场的立足点，降低了在西部市场的竞争程度。

（3）2019年10月，为开拓国际市场，T公司董事会决定在中东地区设立分公司。由于该地区除伊拉克以外的各国都是商家云集，均难以获得市场准入，公司董事会决定投入500万美元在伊拉克设立分公司。到2019年年底，该分公司已正式开始营业，虽然该地区时常发生绑架等刑事案件，但分公司的经营基本未受影响。

（4）直到2019年10月底，T公司一直采用手工记账。为提高财务工作效率和质量，T公司投资600万元于2019年11月实现了会计电算化。考虑到这一变化对财务人员的影响，财务部门分期分批对全体财务人员进行了轮训，同时还聘请了外部专家进行经常性业务指导。至2019年年底，相关轮训工作和计算机信息系统调试工作均已进行完毕。

（5）2019年11月，T公司将原存放在Q银行的2 000万元款项全部转入3名高级管理人员及财务经理的信用卡账户里，与所有客户的往来以及公司职员薪酬的发放均通过信用卡结算。

要求：（1）针对上述情况，指出是否会导致T公司产生重大错报风险并简要说明理由。

（2）上述情况中，哪一种情况很可能会导致T公司的财务报表产生重大错报？对此，A和B注册会计师应当如何应对？

（3）上述情况中，哪一种情况很可能意味着T公司存在特别风险？A和B注册会计师应当如何应对？

（4）上述情况中，哪两种情况最可能导致T公司的经营风险增加？

4. ABC会计师事务所的A注册会计师负责审计多家被审计单位2019年度财务报表。与存货审计相关的部分事项如下：

（1）甲公司为制造型企业，存货产销量大但年末余额不重大，因此，A 注册会计师未了解与生产和存货循环相关的业务流程，直接实施了细节测试。

（2）乙公司 2019 年末持有的在途存货于 2020 年 1 月 4 日验收入库，管理层在 2020 年 1 月 5 日实施盘点时将这些存货纳入了盘点范围，A 注册会计师在实施监盘的基础上，检查了这些存货的验收入库单据等，结果满意。

（3）A 注册会计师于 2019 年 12 月 31 日在丙公司存货盘点现场实施监盘，于次日取得所有盘点标签，检查了是否连续编号，并将存货盘点汇总表与盘点标签进行了核对，结果满意。

（4）A 注册会计师评价认为丁公司管理层有关存货盘点的指令和程序设计合理，因此在监盘中缩小了抽盘范围。

（5）A 注册会计师于 2019 年末对戊公司存货实施监盘时，得知管理层拟于 2020 年 1 月销毁一批过期商品，A 注册会计师检查了该批商品的账簿记录，确认已全额计提跌价准备，不再将其纳入监盘范围。

（6）己公司是 ABC 会计师事务所 2020 年 2 月新承接的客户，管理层于 2019 年 12 月 31 日进行了存货盘点，因年末存货余额重大，A 注册会计师详细检查了己公司的年末盘点记录以及期后的存货出入库记录及相关单据，结果满意，据此认可了年末存货数量。

要求：

针对上述第（1）至（6）项，逐项指出 A 注册会计师的做法是否恰当。如不恰当，简要说明理由。

5. 甲注册会计师作为某会计师事务所审计项目负责人，在审计以下单位 2019 年度财务报表时分别遇到以下情况：

（1）A 公司拥有一项长期股权投资，账面价值 500 万元，持股比例 30%。2019 年 12 月 31 日，A 公司与 K 公司签署投资转让协议，拟以 450 万元的价格转让该项长期股权投资，已收到价款 300 万元，但尚未办理产权过户手续，A 公司以该项长期股权投资正在转让之中为由，不再计提减值准备。

（2）B 公司于 2018 年 5 月为 L 公司 1 年期银行借款 1 000 万元提供担保，因 L 公司不能及时偿还，银行于 2018 年 11 月向法院提起诉讼，要求 B 公司承担连带清偿责任。2019 年 12 月 31 日，B 公司在咨询律师后，根据 L 公司的财务状况，计提了 500 万元的预计负债。对上述预计负债，B 公司已在财务报表附注中进行了适当披露。截至审计工作完成日，法院未对该项诉讼作出判决。

（3）C 公司在 2019 年度向其控股股东 M 公司以市场价格销售产品 5 000 万元，以成本加成价格购入原材料 3 000 万元，上述销售和采购分别占 C 公司当年销售、购货的比例为 30% 和 40%，C 公司已在财务报表附注中进行了适当披露。

（4）D 公司于 2019 年 11 月 20 日发现，2017 年漏记固定资产折旧费用 200 万元。D 公司在编制 2019 年度财务报表时，对此项会计差错予以更正，追溯调整了相关财务报表项目，并在财务报表附注中进行了适当披露。

（5）E 公司于 2019 年年末更换了大股东，并成立了新的董事会，继任法定代表人以刚上任不了解以前年度情况为由，拒绝签署 2019 年度已审计财务报表和提供管理层声明书。原法定代表人以不再继续履行职责为由，也拒绝签署 2019 年度已审计财务报表和提供管理层声明书。

要求：假定上述情况对各被审计单位2019年度财务报表的影响都是重要的，且各被审计单位均拒绝接受甲注册会计师提出的审计处理建议（如有）。在不考虑其他因素影响的前提下，请分别针对上述5种情况，判断甲注册会计师应对2019年度财务报表出具何种类型的审计报告，并简要说明理由。

6. 甲银行是A股上市公司，系ABC会计师事务所的常年审计客户。XYZ咨询公司是ABC会计师事务所的网络事务所。在对甲银行2019年度财务报表执行审计的过程中存在下列事项：

（1）A注册会计师担任甲银行2019年度财务报表审计项目合伙人，A注册会计师的女儿于2019年1月按正常的程序从甲银行取得200万元房贷，贷款利率比一般贷款人低0.8%。

（2）乙银行和甲银行均属于丙集团的重要子公司。丙集团于2019年2月聘请XYZ咨询公司为乙银行和甲银行提供与财务会计系统相关的内部控制设计服务。

（3）XYZ咨询公司合伙人C的妻子持有甲银行少量的债券，截至2019年12月31日，这些债券市值为10 000元。合伙人C自2018年起为甲银行的全资下属某分行提供企业所得税申报服务，且在服务过程中不承担管理层职责。

（4）丁公司是中国大陆主板上市公司，丁公司持有甲银行51%的股权，且甲银行对丁公司重要。甲银行审计项目经理D注册会计母亲于2019年10月购买1 300股丁公司股票，截至2019年12月31日，这些股票市值近4 000元。

（5）甲银行于2019年初兼并了戊担保公司，戊公司占兼并后的甲银行总资产的30%，为了使戊公司形成与甲银行统一的财务信息系统，甲银行聘请XYZ咨询公司重新设计戊公司的财务信息系统。

要求：针对上述第（1）至（5）项，逐条指出是否违反中国注册会计师职业道德守则的情况，并简要说明理由。

**四、综合题**（本题共19分）

甲集团公司是ABC会计师事务所的常年审计客户，主要从事体育用品的生产、批发和零售。A注册会计师负责审计甲集团公司2019年度财务报表，确定集团财务报表整体的重要性为600万元，明显微小错报临界值为20万元。

资料一：

A注册会计师在审计工作底稿中记录了审计计划，部分内容摘录如下：

（1）集团下属子公司乙公司从事新产品研发。2019年度新增无形资产800万元，为自行研发的健身器材。A注册会计师拟仅针对乙公司的研发支出实施审计程序。

（2）集团下属子公司丙公司负责生产，产品主要在国内市场进行销售。A注册会计师认为丙公司的成本和收入核算存在可能导致集团财务报表发生重大错报的特别风险，拟仅针对与成本收入核算相关的财务报表项目实施审计，其他报表项目风险较小拟不实施审计程序。

（3）甲集团公司的零售收入来自34家子公司，每家子公司的主要财务报表项目金额占集团的比例均低于1%。A注册会计师认为这些子公司均不重要，拟实施集团层面分析程序。

（4）DEF 会计师事务所作为组成部分注册会计师负责审计联营企业丁公司的财务信息，其审计项目组按丁公司利润总额的 3% 确定组成部分重要性为 300 万元，实际执行的重要性为 150 万元。

（5）集团下属子公司戊公司负责甲集团公司主要原材料的进口业务，通过外汇掉期交易管理外汇风险。A 注册会计师拟使用 50 万元的组成部分重要性对戊公司财务信息实施审阅。

资料二：

A 注册会计师在审计工作底稿中记录了甲集团公司的财务数据，部分内容摘录如下：

金额单位：万元

| 集团/组成部分 | 2019 年（未审数） | | |
| --- | --- | --- | --- |
| | 资产总额 | 营业收入 | 利润总额 |
| 甲集团公司（合并） | 80 000 | 60 000<br>其中：批发收入 38 000<br>零售收入 20 000<br>其他 2 000 | 12 000 |
| 乙公司 | 1 900 | 200 | （300） |
| 丙公司 | 60 000 | 40 000 | 8 000 |
| 丁公司 | 20 000 | 50 000 | 10 000 |
| 戊公司 | 2 000 | 200 | 50 |

资料三：

A 注册会计师在审计工作底稿中记录了函证的相关情况，部分内容摘录如下：

（1）注册会计师针对甲公司的应收账款采用跟函的方式进行函证，在甲公司财务负责人的陪同下，将询证函送至甲公司的客户乙公司的财务部门。注册会计师在会客室等待，而甲公司财务负责人则到财务主管办公室协商一些往来事项。随后，财务部门员工将询证函回函送交给注册会计师。

（2）针对应收账款函证，审计项目组将应收账款明细账中账面金额低于 200 万元的明细项目全部采用消极询证函，并以邮寄方式寄发询证函。

（3）审计项目组收到的一份银行询证函回函中标注“本信息既不保证准确也不保证是最新的，其他方可能会持有不同意见”，审计项目组致电该银行，银行工作人员表示这是标准条款。审计项目组认为信赖其所含信息会使其承担更多的审计风险，审计项目组对此专门执行了替代审计程序，消除了对此回函可靠性的疑虑，并在工作底稿中记录了与银行的电话沟通内容，替代审计程序的内容以及审计项目组咨询、讨论形成的审计结论。

（4）客户 Q 公司为海外公司。审计项目组收到 Q 公司境内关联公司代为寄发的询证函回函，未发现差异，结果满意。

资料四：

A 注册会计师在审计工作底稿中记录了与存货审计相关的部分事项如下：

（1）与材料入库相关的内部控制本年未发生变化，因该控制应对的风险不是特别风险，A 注册会计师决定利用上年度审计获取的有关该控制运行有效性的审计证据。

（2）A 注册会计师采用统计抽样测试领料单是否得到适当批准，发现一个样本对应的领料单因填写错误而作废，A 注册会计师认为该事项不构成偏差，另选一个领料单替代。

（3）A 注册会计师在对甲公司存货周转天数实施实质性分析程序时，直接将甲公司预算周转天数作为预期值，与存货实际周转天数比较，差异小于可接受的差异额。

（4）A 注册会计师在实施抽盘时，发现三个样本存在差异，系甲公司盘点人员疏忽所致。A 注册会计师提请甲公司盘点人员重新盘点了这些项目并更正了盘点记录，结果满意。

资料五：

A 注册会计师在审计工作底稿中记录了处理错报的相关情况，部分内容摘录如下：

（1）2019 年，甲集团公司推出销售返利制度，并在 ERP 系统中开发了返利管理模块。A 注册会计师在对某组成部分执行审计时发现，因系统参数设置有误，导致选取的测试项目少计返利 10 万元。A 注册会计师认为该错报低于集团财务报表明显微小错报的临界值，可忽略不计。

（2）A 注册会计师发现甲集团公司销售副总经理挪用客户回款 50 万元，就该事项与总经理和治理层进行了沟通。因管理层已同意调整该错报并对相关内部控制缺陷进行整改，A 注册会计师未再执行其他审计工作。

（3）A 注册会计师使用审计抽样对管理费用进行了测试，发现测试样本存在 20 万元错报，A 注册会计师认为该错报不重大，同意管理层不予调整。

（4）2019 年 10 月，甲集团公司账面余额 1 160 万元的一条新建生产线达到预定可使用状态。截至 2019 年年末，因未办理竣工决算，该生产线尚未转入固定资产。A 注册会计师认为该错报为分类错误，涉及折旧金额很小，不构成重大错报，同意管理层不予调整。

1. 针对资料一第（1）至（5）项，结合资料二，假定不考虑其他条件，逐项指出资料一所列审计计划是否恰当。如不恰当，简要说明理由。将答案直接填入答题区的相应表格内。

2. 针对资料三第（1）至（4）项，假定不考虑其他条件，逐项指出 A 注册会计师的做法是否恰当。如不恰当，简要说明理由。

3. 针对资料四第（1）至（4）项，假定不考虑其他条件，逐项指出是否恰当。如不恰当，简要说明理由。

4. 针对资料五第（1）至（4）项，假定不考虑其他条件，逐项指出 A 注册会计师的做法是否恰当。如不恰当，简要说明理由并提出改进建议。

将答案直接填入答题区的相应表格内。

# 2020年注册会计师全国统一考试
# 《审计》全真模拟试题（三）参考答案及解析

## 一、单项选择题

1. 答案：D

解析：被审计单位管理层拒绝提供注册会计师认为必要的书面声明，且无法实施其他替代程序获取审计证据时，注册会计师应将其视为审计范围受到限制，出具保留意见或无法表示意见的审计报告。

2. 答案：D

解析：只能在意见分歧问题得到解决后，项目合伙人才能出具审计报告。

3. 答案：D

解析：选项D中，注册会计师应当设计和实施审计程序，获取充分、适当的审计证据，以确定所有在财务报表日至审计报告日之间发生的、需要在财务报表中调整或披露的事项均已得到识别。

4. 答案：C

解析：注册会计师应当选择测试那些对形成内部控制审计意见有重大影响的控制，选项A正确。注册会计师无须测试那些即使有缺陷也合理预期不会导致财务报表重大错报的控制，选项B正确。注册会计师在选取拟测试的控制时，通常不会选取整个流程中的所有控制而是选择关键控制，即能够为一个或多个重要账户或列报的一个或多个相关认定提供最有效果或最有效率的证据的控制，选项D正确。企业管理层在执行内部控制自我评价时选择测试的控制，可能多于注册会计师认为为了评价内部控制的有效性有必要测试的控制，选项C错误。

5. 答案：B

解析：在未发生会计师事务所变更的情况下，同处于某一会计师事务所中的不同注册会计师不属于前后任注册会计师的范畴。

6. 答案：D

解析：选项D错误，职业判断涉及注册会计师执业中的各类决策，包括与具体会计处理相关的决策、与审计程序相关的决策，以及与遵守职业道德要求相关的决策。

7. 答案：A

8. 答案：B

解析：审计的固有限制源于：（1）财务报告的性质；（2）审计程序的性质；（3）在合理的时间内以合理的成本完成审计的需要。选项 A、C，属于审计程序的性质导致的固有限制。选项 D 属于财务报告的性质。

9. 答案：B

解析：选项 B 必须经过客户的同意。

10. 答案：B

解析：如果总体项目存在重大的变异性，注册会计师可以考虑将总体分层。分层可以降低每一层中项目的变异性，从而在抽样风险没有成比例增加的前提下减小样本规模，提高审计效率。

11. 答案：B

解析：比率 = 样本审定金额 ÷ 样本账面金额 = 9 700 ÷ 10 000 = 97%；估计的总体金额 = 账面金额 × 比率 = 60 000 × 97% = 58 200（元）；推断的总体错报 = 60 000 − 58 200 = 1 800（元）。

12. 答案：C

解析：如果上期导致非无保留意见的事项仍未解决，注册会计师应当对本期财务报表发表非无保留意见。

13. 答案：B

14. 答案：D

解析：在对被审计单位生成的订购单进行细节测试时，注册会计师可以以订购单的日期或其唯一编号作为测试订购单的识别特征。

15. 答案：B

解析：根据营业收入确认条件确定日期。虽然 2019 年 12 月发出商品并开具了发票，但由于与商品相关的风险和报酬并没有转移，不能确认收入。

16. 答案：C

解析：选项 C 不正确，以电子形式收到的回函，注册会计师和回函者采用一定的程序为电子形式的回函创造安全环境，可以降低该风险。如果注册会计师确信这种程序安全并得到适当控制，则会提高相关回函的可靠性；当注册会计师存有疑虑时，可以与被询证者联系以核实回函的来源及内容，例如，当被询证者通过电子邮件回函时，注册会计师可以通过电话联系被询证者，确定被询证者是否发送了回函。必要时，注册会计师可以要求被询证者提供回函原件。

17. 答案：D

解析：注册会计师对被审计单位及其环境的了解程度，要低于管理层为经营管理企业而对被审计单位及其环境的了解程度。

18. 答案：D

解析：选项 A，会计师事务所不能承接该业务，选项 B、C 还可以处置该经济利益。

19. 答案：B

解析：专家，即注册会计师的专家，是指在会计或审计以外的某一领域具有专长的个人或组织，并且其工作被注册会计师利用，以协助注册会计师获取充分、适当的审计证据。专家既可能是会计师事务所内部专家（如会计师事务所或其网络事务所的合伙人或员工，包括临时员工），也可能是会计师事务所外部专家。

20. 答案：C

解析：选项 C，事务所可以通过采取未参与审计业务的注册会计师提供建议，或采取复核已执行工作的措施降低威胁。

21. 答案：D

解析：选项 A、B、C 属于预防性控制。

22. 答案：C

解析：对拟实施审计程序的性质、时间安排或范围作出总体修改：（1）在期末而非期中实施更多的审计程序（时间）；（2）通过实施实质性程序获取更广泛的审计证据（性质）；（3）增加拟纳入审计范围的经营地点的数量（范围）。选项 C 属于财务报表层次重大错报风险与总体应对措施。

23. 答案：C

解析：选项 A，与存货的存在认定直接相关，防止仓库在未经授权的情况下擅自发货；选项 B，与营业收入的准确性认定直接相关，防止开具销售发票的人员修改开票系统中已设置好的商品价目表；选项 D，与应收账款的计价和分摊认定直接相关，防止坏账损失计提不准确。

24. 答案：D

解析：选项 D 不恰当。组成部分层面确定的实际的重要性应当低于计划的重要性。

25. 答案：B

解析：选项 A 为同步控制测试，选项 C、D 二项均错误。在财务报表审计中，追加的控制测试主要在期中工作期间执行，而实质性程序则主要在期末工作时执行，但是也可以在期中工作时执行有关交易的某些详细实质性程序，以检查出报表中的重要错报或漏报，其为双重目的测试。注册会计师通常可将控制测试与实质性程序结合使用。在某些情况下，注册会计师只有通过实施控制测试才能应对评估的特定认定的重大错报风险；而在另外一些情况下，注册会计师可能认为仅实施实质性程序就是适当的。

## 二、多项选择题

1. 答案：ACD

解析：选项 B 是检查应付账款是否存在未及时入账，确认应付账款期末余额完整性所用的程序，不属于应付账款的分析程序。除了上述选项 A、C、D 三项分析程序外，注册会计师对应付账款进行分析程序还可以是计算应付账款与存货的比率，应付账款与流动负债的比率，并与以前年度相关比率对比分析，评价应付账款整体的合理性。

2. 答案：CD

解析：选项 C，应对特别风险，也可以采用综合性方案；选项 D，注册会计师所确定的总体审计方案类型依据对被审计单位评估的重大错报风险。

3. 答案：BCD

解析：财务报表日至财务报表报出日包括两个时段：第一时段财务报表日至审计报告日之间发生的事项，注册会计师有主动识别的义务；第二时段审计报告日至财务报表报出日前知悉的事实，注册会计师负有被动识别的义务，所以选项 A 错误。

4. 答案：ACD

解析：选项 B 属于接受委托后才会涉及的内容。之前包括：（1）确定风险评估程序的性质、时间安排和范围；（2）识别和评估重大错报风险；（3）确定进一步审计程序的性质、时间安排和范围。

5. 答案：ACD

解析：注册会计师专门针对管理层凌驾于控制之上的风险设计和实施会计分录测试。会计分录测试包括下列步骤：了解被审计单位的财务报告流程，以及针对会计分录和其他调整已实施的控制，必要时，测试相关控制的运行有效性；确定待测试会计分录和其他调整的总体，并测试总体的完整性；从总体中选取待测试的会计分录及其他调整；测试选取的会计分录及其他调整，并记录测试结果。

6. 答案：ACD

解析：选项 B 属于“顺查”，只能证实存货的完整性认定，与准确性、计价和分摊认定无关。

7. 答案：ABCD

解析：如果被审计单位有定期存款，注册会计师可以考虑实施以下审计程序：（1）向管理层询问定期存款存在的商业理由并评估其合理性；（2）获取定期存款明细表，检查是否与账面记录金额一致，存款人是否为被审计单位，定期存款是否被质押或限制使用；（3）在监盘库存现金的同时，监盘定期存款票凭据。如果被审计单位在资产负债表日有大额定期存款，基于对风险的判断考虑选择在资产负债表日实施监盘；（4）对未质押的定期存款，检查开户证实书原件，以防止被审计单位提供的复印件是未质押（或未提现）前原件的复印件。在检查时，还要认真核对相关信息，包括存款人、金额、期限等，如有异常，需实施进一步审计程序；（5）对已质押的定期存款，检查定期存单复印件，并与相应的质押合同核对。对于质押借款的定期存单，关注定期存单对应的质押借款有无入账，对于超过借款期限但仍处于质押状态的定期存款，还应关注相关借款的偿还情况，了解相关质权是否已被行使；对于为他人担保的定期存单，关注担保是否逾期及相关质权是否已被行使；（6）函证定期存款相关信息；（7）结合财务费用审计测算利息收入的合理性，判断是否存在体外资金循环的情形；（8）在资产负债表日后已提取的定期存款，核对相应的兑付凭证等；（9）关注被审计单位是否在财务报表附注中对定期存款给予充分披露。

8. 答案：ABC

解析：只要使用了统计抽样，抽样风险总会存在。在使用统计抽样时，注册会计师可以准确地计量和控制抽样风险。在使用非统计抽样时，注册会计师无法量化抽样风险，只能根据职业判断对其进行定性的评价和控制，选项 D 错误。

9. 答案：ABD

解析：如果管理层建立下列与关联方关系及其交易相关的控制，注册会计师应当询问管理层和被审计单位内部的其他人员，实施其他适当的风险评估程序，以获取对相关控制的了解：（1）按照适用的财务报告框架，对关联方关系及其交易进行识别、会计处理和披露；（2）授权和批准重大关联方交易和安排；（3）授权和批准超出正常经营的重大交易和安排。

10. 答案：ABC

解析：实际执行的重要性在审计中的作用主要体现在以下几个方面：（1）注册会计师在计划审计工作时可以根据实际执行的重要性确定需要对哪些类型的交易、账户余额和披露实施进一步审计程序；（2）运用实际执行的重要性确定进一步审计程序的性质、时间安排和范围。例如，在实施实质性分析程序时，注册会计师确定的已记录金额与预期值之间的可接受差异额通常不超过实际执行的重要性；在运用审计抽样实施细节测试时，注册会计师可以将可容忍错报的金额设定为等于或低于实际执行的重要性，选项 A、B、C 均正确。选项 D 属于运用财务报表整体的重要性。

## 三、简答题

1. 答案：

（1）恰当。

（2）不恰当。针对甲公司可能存在未入账应付账款，审计项目组从甲公司供货商明细表中选取函证对象更加适合。审计项目组从应付账款明细表中选择询证对象可能不能发现未入账的负债。

（3）不恰当。审计项目组应当调查不符事项，以确定是否表明存在错报。

（4）不恰当。审计项目组应当：①对该情况进行核实；②口头解释证据不充分，还应实施其他审计程序；③直接与丁公司联系核实；④前往丁公司办公地点进行验证。

（5）不恰当，注册会计师需要在整个过程中进行控制，要求被询证者核对并确认相关信息，而简单查阅即确认询证函无误的做法欠妥。

2. 答案：

（1）不恰当。A 注册会计师在咨询过程中应当充分提供相关事实。

（2）不恰当。“服务第一，最优之选”夸大宣传了事务所提供的服务/无根据地比较其他注册会计师的工作/违反职业道德守则中有关专业服务营销的要求。

（3）不恰当。会计师事务所制定的业绩评价、工薪及晋升程序应当强调，提高业务质量及遵守职业道德基本原则是晋升更高职位的主要途径，而不应当以业务收入额作为标准和途径。

（4）不恰当。在出现重大问题分歧时，只有分歧得到解决，才能出具报告。

（5）恰当。

3. 答案：

（1）第（1）种情况表明 T 公司的融资能力受到限制，很可能导致流动资金不足，增加重大错报风险。第（2）种情况表明 T 公司发生了重大的购并行为，很可能占用大量资金，增加重大错报风险。第（3）种情况表明 T 公司在经济不稳定的国家开展业务，很可能难以收回成本，从而增加重大错报风险。第（4）种情况表明 T 公司的信息技术环境发生变化，很可能导致相当一段时期内的信息技术难以与经营活动融合，从而增加重大错报风险。第（5）种情况属于重大的异常情况，很可能意味着 T 公司与 Q 银行之间有纠纷，增加重大错报风险。

（2）情况（4）最有可能导致 T 公司财务报表产生重大错报。对此，A 和 B 注册会计师应当要求会计师事务所聘请电算化方面的专家参与审计工作。

（3）情况（5）属于重大的异常情况，最有可能意味着 T 公司存在特别风险。该情况意味着T公司的资金运作脱离了银行的监管，为舞弊行为提供了客观条件。对此，A和B注册会计师应当向Q银行询问，并要求T公司提供信用卡结算的清单，以便作进一步调查。

（4）情况（2）和（3）最可能导致T公司的经营风险上升。前者是在经济不发达的地区开展业务，后者是在经济不稳定的地区开展业务，很可能导致难以收回成本的情况发生，影响公司的经营成果。

4. 答案：

（1）不恰当。应了解与生产和存货循环相关的业务流程。

（2）恰当。

（3）不恰当。不应在次日取得所有盘点标签和检查盘点标签是否连续编号，应在监盘前检查盘点标签是否连续编号，盘点结束后回收并清点所有已使用和未使用的盘点表和盘点标签。

（4）不恰当。还应考虑指令和程序是否得到执行。

（5）不恰当。应对过期商品是否存在及其状况实施监盘。

（6）不恰当。应对己公司存货执行监盘程序。

5. 答案：

（1）保留意见或否定意见的审计报告。由于对该项长期股权投资转让，尚未办理产权过户手续，交易尚未完成，K公司即使已经支付了价款，但也有随时中止交易的可能，因此甲公司应计提50万元的减值准备。由于无法判断少计50万元的长期投资减值准备的影响，所以注册会计师应出具保留意见或否定意见的审计报告。

（2）（标准）无保留意见或带强调事项段的无保留意见的审计报告。

①出具标准无保留意见审计报告的理由：该未决诉讼已经进行适当的会计处理，且已适当披露，基本上确定该事项带来的损失，无须增加强调事项段另外说明。

②出具带强调事项段的无保留意见的审计报告的理由：该诉讼可能给乙公司带来巨大损失，属于重大不确定事项，应当考虑在意见段之后增加强调事项段。

（3）（标准）无保留意见的审计报告。丙公司与关联方M公司的交易价格公允，且关联方关系及其交易已经适当披露，符合企业会计准则的规定。

（4）（标准）无保留意见的审计报告。丁公司对漏计折旧的重大会计差错进行了追溯调整，并进行了适当披露，符合企业会计准则的规定。

（5）无法表示意见的审计报告。由于戊公司管理层对已审计财务报表未予认定，也未能提供管理层声明书，注册会计师应将其视为审计范围受到严重限制。如果戊公司管理层对已审计财务报表签字确认，只是拒绝就对财务报表具有重大影响的事项提供必要的声明的话，注册会计师可能出具保留意见或无法表示意见的审计报告，但本题包括“拒绝签署2019年度已审计财务报表”，在这种情况下，注册会计师应当出具无法表示意见的审计报告。

6. 答案：

（1）违反。审计项目合伙人的主要近亲属（女儿）虽然按正常的程序从审计客户甲银行取得了贷款，但该贷款的条件（利率比一般贷款人低了0.8%）不是正常的，存在自身利益对独立性的不利影响。

（2）违反。ABC会计师事务所和XYZ咨询公司属于网络所，乙银行和甲银行（同为丙集团的重要子公司）属于关联实体（即“姐妹实体”），XYZ咨询公司为乙银行和甲银行提供与财务会计系统相关的内部控制设计服务，相当于ABC会计师事务所承担了甲银行的管理层职责，导致ABC会计师事务所审计甲银行2019年度财务报表存在自我评价、自身利益对独立性的严重不利影响。

（3）违反。为审计客户甲银行的相关实体提供非审计服务的合伙人C的主要近亲属不得在审计客户甲银行中拥有任何直接经济利益（债券），否则将存在自身利益对独立性的严重不利影响。

（4）违反。当某一实体（丁公司）在审计客户（甲银行）中拥有控制权益，并且审计客户对该实体（丁公司）重要时，审计项目组成员的主要近亲属不得在该实体（丁公司）中拥有直接经济利益，否则将存在自身利益对独立性的重大不利影响。

（5）违反。ABC会计师事务所和XYZ咨询公司属于网络所，戊公司与甲公司属于相关实体，XYZ咨询公司为戊公司设计财务信息系统，相当于ABC会计师事务所承担了对甲公司的管理层职责，存在自我评价、自身利益对独立性的严重不利影响。

**四、综合题**

答案：

1.

| 事项序号 | 是否恰当（是/否） | 理由 |
|---|---|---|
| （1） | 是 | — |
| （2） | 否 | 丙公司是具有财务重大性的重要组成部分，应当对丙公司的财务信息实施审计。 |
| （3） | 否 | 零售收入占集团营业收入的三分之一，金额重大，对这40家子公司仅在集团层面实施分析程序不足够。 |
| （4） | 否 | 组成部分重要性应当由集团项目组确定。 |
| （5） | 否 | 戊公司的业务涉及外汇掉期交易，属于可能存在导致集团财务报表发生重大错报的特别风险的重要组成部分，应当实施审计/审计程序。 |

2.

（1）不恰当。当注册会计师跟函有被审计单位的员工陪伴时，需要在整个过程中对询证函保持控制。跟函期间，注册会计师在会客室等待，而甲公司财务负责人在财务部门，可能存在被审计单位和被询证者串通舞弊的风险。

（2）不恰当。当同时存在下列情况时，注册会计师才可考虑采用消极的函证方式：①重大错报风险评估为低水平；②涉及大量余额较小的账户；③预期不存在大量的错误；④没有理由相信被询证者不认真对待函证。甲公司应收账款明细账余额低于200万元但高于实际执行重要性水平100万元的仍然属于重大账户，因此不满足采用消极的函证方式的条件。

（3）恰当。虽然该限制条款使注册会计师将回函作为可靠审计证据的程度受到了限制，但是审计项目组执行了替代审计程序，消除了对此回函可靠性疑虑。

（4）不恰当。未直接取得回函影响回函的可靠性。应取得Q公司直接寄发的询证函。

3.

（1）恰当。

（2）恰当。

（3）不恰当。注册会计师未评价预期值的准确程度。

（4）不恰当。注册会计师还应当考虑错误的潜在范围和重大程度。

4.

（1）否。理由：①该错报为系统性错报；②可能发生于其他组成部分。改进建议：集团项目组应当关注并汇总其他组成部分的这类错报，汇总考虑该类错报对集团财务报表的影响。

（2）否。理由：该错报涉及较高层级的管理层舞弊。改进建议：注册会计师应当采取下列措施：①重新评估舞弊导致的重大错报风险。②考虑重新评估的结果对审计程序的性质、时间安排和范围的影响。③重新考虑此前获取的审计证据的可靠性。

（3）否。理由：没有推断总体错报。改进建议：①注册会计师应当使用在抽样中发现的样本错报去推断总体的错报金额；②应针对推断的总体错报金额评价其是否重大。

（4）是。

# 2020年注册会计师全国统一考试
# 《审计》全真模拟试题（四）

**一、单项选择题**（本题型共25小题，每小题1分，共25分。每小题只有一个正确答案，请从每小题的备选答案中选出一个你认为正确的答案，用鼠标点击相应的选项。）

1. 下列有关注册会计师执行的业务提供的保证程度的说法中，正确的是（　　）。

A. 鉴定业务提供高水平保证

B. 代编财务信息提供合理保证

C. 财务报表审阅提供有限保证

D. 对财务信息执行商定程序提供低水平保证

2. 下列有关重大错报风险的说法中，错误的是（　　）。

A. 注册会计师应当从财务报表层次和各类交易、账户余额和披露认定层次考虑重大错报风险

B. 重大错报风险指财务报表在审计前存在重大错报的可能性

C. 重大错报风险可进一步区分为固有风险和检查风险

D. 注册会计师可以定性或定量评估重大错报风险

3. 注册会计师对银行存款账户的发生额实施的程序不包括（　　）。

A. 分析不同账户发生银行日记账漏记银行交易的可能性，获取相关账户相关期间的全部银行对账单

B. 如果对被审计单位银行日记账的真实性存有疑虑，注册会计师可以在被审计单位协助下亲自到银行获取银行对账单

C. 从被审计单位银行存款日记账上选取样本，核对至银行对账单

D. 浏览银行对账单，选取大额异常交易

4. 下列有关保持职业怀疑作用的说法中，错误的是（　　）。

A. 保持职业怀疑有助于注册会计师设计恰当的风险评估程序

B. 保持职业怀疑有助于注册会计师针对评估出的重大错报风险，恰当设计进一步审计程序的性质、时间安排和范围，降低选取不适当的审计程序的风险

C. 保持职业怀疑有助于注册会计师评价是否已获取充分、适当的审计证据以及是否还需执行更多的工作

D. 保持职业怀疑有助于使注册会计师忽视存在相互矛盾的审计证据

5. 下列各项中，不属于审计项目初步业务活动的是（　　）。

A. 针对接受或保持客户关系和业务委托的评估程序

B. 确定项目组成员及拟利用的专家

C. 评价遵守职业道德守则的情况

D. 签署审计业务约定书

6. 下列有关函证的说法中，正确的是（　　）。

A. 如果注册会计师认为取得积极式函证回函是获取充分、适当的审计证据的必要程序，则替代程序不能提供注册会计师所需要的审计证据

B. 如果被审计单位与银行存款存在认定有关的内部控制设计良好并有效运行，注册会计师可适当减少函证的样本量

C. 注册会计师应当对应收账款实施函证程序，除非应收账款对财务报表不重要且评估的重大错报风险低

D. 如果注册会计师将重大错报风险评估为低水平，且预期不符事项的发生率很低，可以将消极式函证作为唯一的实质性程序

7. 下列关于注册会计师在临近审计结束时运用分析程序的说法中，错误的是（　　）。

A. 注册会计师进行分析的重点通常集中在财务报表层次

B. 注册会计师采用的方法与风险评估程序中使用的分析程序基本相同

C. 注册会计师进行分析并非为了对特定账户余额和披露提供实质性的保证水平

D. 注册会计师进行分析的目的在于识别可能表明财务报表存在重大错报风险的异常变化

8. 下列关于审计抽样的样本代表性的说法中，错误的是（　　）。

A. 样本的代表性是指根据样本测试结果推断的错报与总体中的错报完全相同

B. 如果样本的选取是无偏向的，该样本通常就具有了代表性

C. 样本代表性与样本规模无关

D. 样本代表性通常只与错报的发生率而非错报的特定性质相关

9. 被审计单位的银行存款日记账和总账期末余额为1 570万元，注册会计师向银行函证的该银行账户的银行对账单的期末余额为1 577.10万元，经注册会计师检查银行日记账和银行对账单，发现以下未达账项：（1）银行代扣代缴的水电费5万元，公司尚未入账；（2）银行收到的销售回款10万元，公司尚未入账；（3）公司开出的面值为2万元的现金支票，持票人尚未提现；（4）银行存款利息1 000元，公司尚未入账。假设重要性为300万元，注册会计师认为年末资产负债表中银行存款余额为（　　）万元。

A. 1 568　　　　B. 1 570

C. 1 575.10　　　　D. 1 577.10

10. 注册会计师所需获取的审计证据数量受各种因素的影响。以下关于审计证据数量的说法中，正确的是（　　）。

A. 审计证据存在的缺陷越多，所需的审计证据越多

B. 业务越复杂，需要的审计证据可能越多

C. 审计客户的规模越大，需要的审计证据可能越多

D. 错报风险越大，需要的审计证据可能越多

11. 注册会计师针对被审计单位的特殊类型存货设计监盘程序时，下列说法中错误的是（　　）。

A. 如果存货是汽油，则需要注意使用容器进行监盘或通过预先编号的清单列表加以确定

B. 如果存货是钻石，则需要注意选择样品进行化验与分析，或利用专家的工作

C. 如果是需要使用磅秤测量的存货，只需在监盘前检验一次磅秤的精准度，在监盘过程中无须检验和重新调校，以免标准不统一

D. 如果存货是生产纸浆用木材，则需要注意通过高空摄影以确定其存在性，对不同时点的数量进行比较，并依赖永续存货记录

12. 注册会计师在编制审计工作底稿时遇到以下事项，其中叙述不正确的是（　　）。

A. 如果识别出的信息与针对某重大事项得出的最终结论不一致，注册会计师应当记录如何处理该不一致的情况

B. 若注册会计师在审计过程中偏离某项审计准则的相关要求，则其不必记录实施的替代审计程序如何实现相关要求的目的以及偏离的原因

C. 编制审计工作底稿的文字应当使用中文

D. 中国境内的中外合作会计师事务所、国际会计公司成员所可以同时使用某种外文

13. 下列有关固有风险和控制风险的说法中，正确的是（　　）。

A. 固有风险和控制风险与被审计单位的风险相关，独立于财务报表审计而存在

B. 财务报表层次和认定层次的重大错报风险可以细分为固有风险和控制风险

C. 注册会计师无法单独对固有风险和控制风险进行评估

D. 固有风险始终存在，而运行有效的内部控制可以消除控制风险

14. 下列有关书面声明的说法中，错误的是（　　）。

A. 如果管理层的意图对收入的计价基础非常重要，但若不能从管理层获取有关收入意图的书面声明，注册会计师就不可能获取充分、适当的审计证据

B. 如果收入意图等书面声明能够提供必要的审计证据，注册会计师获得收入意图等书面声明能为财务报表特定认定提供充分、适当的审计证据

C. 为了获取所要求的书面声明，注册会计师可能认为向管理层通报临界值以确定明显微小的错报是必要的

D. 管理层书面声明的日期应当尽量接近对财务报告的出具审计报告的日期，但不得在其之后

15. 注册会计师对被审计单位采购与付款循环的内部控制进行了了解和测试，下列内部控制中构成重大缺陷的是（　　）。

A. 仓库负责根据需要填写请购单，并经预算主管人员签字批准

B. 采购部门根据经批准的请购单编制订购单采购货物

C. 货物到达，由独立的验收部门验收，并填制一式多联未连续编号的验收单

D. 记录采购交易之前，由应付凭单部门编制付款凭单

16. 在确定管理层评估持续经营能力的适当性时，下列判断中不正确的是（　　）。

A. 如果存在超出评估期间但可能对持续经营能力产生疑虑的事项，管理层有义务确定

其潜在的影响

B. 对于超出管理层评估期间的事项或情况，注册会计师应当实施询问程序

C. 如果被审计单位具有良好的盈利能力，无须要求管理层对持续经营能力做出评估

D. 管理层评估的期间应当自财务报告日后12个月

17. 下列关于特别风险的说法中，不正确的是（　　）。

A. 对特别风险，注册会计师应当了解被审计单位是否针对该特别风险设计和实施了控制

B. 注册会计师应当了解并测试与特别风险相关的控制

C. 注册会计师可能将具有高度复杂性的交易事项评估为特别风险

D. 注册会计师应当将超出正常经营过程的重大关联方交易事项评估为特别风险

18. 下列有关舞弊的说法中，错误的是（　　）。

A. 注册会计师应当直接假设被审计单位在收入确认方面存在舞弊风险

B. 如果注册会计师发现被审计单位收入确认存在舞弊风险，则应当考虑哪些类别的收入、收入交易或认定可能导致舞弊风险

C. 注册会计师应当在了解被审计单位及其环境时识别舞弊风险

D. 注册会计师无需了解小型被审计单位的内部控制以及舞弊风险

19. 注册会计师审计中应当考虑较少使用内部审计工作的是（　　）。

A. 评估的认定层次重大错报风险较低时

B. 内部审计在被审计单位受到较高的重视

C. 内部审计人员的胜任能力较强

D. 评价收集的审计证据中涉及较多判断

20. 前任注册会计师和后任注册会计师的沟通通常由后任注册会计师主动发起，但需征得被审计单位的同意，后任注册会计师向前任注册会计师进行询问是一项必要的沟通程序。后任注册会计师在与前任注册会计师沟通时的目标不包括（　　）。

A. 在接受委托前，后任注册会计师与前任注册会计师就影响业务承接决策的事项进行必要沟通，以确定是否接受委托

B. 在接受委托后，后任注册会计师在必要时与前任注册会计师就对审计有重大影响的事项进行沟通，以获取必要的审计证据

C. 了解被审计单位管理层的专业胜任能力

D. 前任注册会计师在征得被审计单位书面同意后，对后任注册会计师提出的沟通要求予以必要的配合

21. 下列有关舞弊导致的重大错报风险的说法中，正确的是（　　）。

A. 编制虚假财务报告导致的重大错报风险，大于侵占资产导致的重大错报风险

B. 使被审计单位对未收到的商品或未接受的劳务付款，属于编制虚假财务报告的舞弊

C. 注册会计师应当假定复杂衍生金融工具的计价存在舞弊风险

D. 除非不适用于具体情况，注册会计师应当假定收入的确认存在舞弊风险

22. 下列有关注册会计师使用非统计抽样实施细节测试的说法中，错误的有（　　）。

A. 注册会计师增加单独测试的重大项目，可以减少样本规模

B. 在定义抽样单元时，注册会计师也应考虑实施计划的审计程序获替代程序的难易

程度

C. 在确定可接受的误受风险水平时，注册会计师无需考虑针对同一审计目标的其他实质性程序的检查风险

D. 注册会计师根据样本中发现的错报金额推断总体错报金额时，可以采用比率法或差额法

23. 在审计集团财务报表时，下列情形中，导致集团项目组无法利用组成部分注册会计师工作的是（ ）。

A. 组成部分注册会计师未处于积极有效监管环境中

B. 组成部分注册会计师不符合与集团审计相关的独立性要求

C. 集团项目组对组成部分注册会计师的专业胜任能力存有并非重大的疑虑

D. 组成部分注册会计师无法向集团项目组提供所有审计工作底稿

24. 下列注册会计师的专家中，不属于应当遵守会计师事务所根据质量控制准则制定的政策和程序的是（ ）。

A. 会计师事务所的合伙人和员工

B. 网络事务所的合伙人

C. 网络事务所的临时员工

D. 外部专家

25. 注册会计师对总体的预计误差率或误差额的评估，有助于设计审计样本和确定样本规模。下列相关说法不正确的是（ ）。

A. 在实施控制测试时，通常根据从总体中抽取少量项目进行检查的结果，对拟测试总体的预计误差率进行评估

B. 在实施细节测试时，注册会计师通常对总体的预计误差率进行评估

C. 在设计审计样本时，注册会计师应当考虑审计程序的目标和抽样总体的属性

D. 根据所获取的审计证据的性质，以及与该审计证据相关的可能的误差情况，以界定误差构成条件

**二、多项选择题**（本题型共10小题，每小题2分，共20分。每小题均有多个正确答案，请从每小题的备选答案中选出你认为正确的答案，用鼠标点击相应的选项。每小题所有答案选择正确的得分；不答、错答、漏答均不得分。）

1. 对于以前审计获取的有关下列控制运行有效性的，注册会计师在本期审计中通常不能直接利用的有（ ）。

A. 该控制属于复杂的人工控制

B. 该控制在最近两年已经被测试过

C. 该控制自上期测试后发生变化

D. 该控制属于旨在减轻特别风险的控制

2. 以下关于被审计管理层要求审计业务变更为审阅业务的说法中，不正确的是（ ）。

A. 注册会计师可以直接变更，不需要合理理由

B. 被审计单位对原来要求的审计业务的性质存在误解是合理理由，注册会计师可以将

审计业务变更为审阅业务

C. 审计范围受到限制是合理理由，注册会计师可以将审计业务变更为审阅业务

D. 变更业务后，注册会计师在审阅报告中可以提及原审计业务以及在原审计业务中已执行的程序

3. 下列舞弊风险因素中，与编制虚假财务报告相关的有（　　）。

A. 利用商业中介进行交易，但缺乏明显的商业理由

B. 在非所有者管理的主体中，管理层由一人或少数人控制，且缺乏补偿性控制

C. 会计系统和信息系统无效

D. 对高级管理人员支出的监督不足

4. 注册会计师在运用实际执行的重要性水平时，以下做法中正确的是（　　）。

A. 对所有金额超过实际执行的重要性水平的财务报表项目实施进一步审计程序

B. 对所有金额低于实际执行的重要性水平的财务报表项目不实施进一步审计程序

C. 根据实际执行的重要性水平确定进一步审计程序的性质、时间安排和范围

D. 在实施实质性分析程序时，确定的已记录金额与预期值之间的可接受差异额通常不超过实际执行的重要性水平

5. 在评价审计结果时，注册会计师确定的重要性和审计风险，可能与计划审计工作时评估的重要性和审计风险存在差异，在这种情况下，注册会计师下列做法错误的有（　　）。

A. 如果评价审计结果时的重要性小于计划审计工作时所评估的重要性，这意味着注册会计师所执行的审计程序不充分

B. 如果评价审计结果时的重要性小于计划审计工作时所评估的重要性，这意味着注册会计师所执行的审计程序已经充分

C. 如果评价审计结果时的重要性大于计划审计工作时所评估的重要性，这意味着注册会计师所执行的审计程序不充分

D. 如果评价审计结果时的重要性大于计划审计工作时所评估的重要性，这意味着注册会计师所执行的审计程序已经充分

6. 在确定是否可以利用内部审计工作时，注册会计师通常需要考虑的因素有（　　）。

A. 内部审计的组织地位及客观性

B. 内部审计人员的薪酬

C. 内部审计人员的年龄构成

D. 内部审计人员的专业胜任能力

7. 注册会计师评价专家工作是否足以实现审计目的所实施的特定程序可能包括（　　）。

A. 与管理层讨论专家的报告

B. 实施用于证实的程序

C. 复核专家的工作底稿和报告

D. 必要时与具有相关专长的其他专家讨论

8. 在审计集团财务报表时，下列有关组成部分重要性的说法中，正确的有（　　）。

A. 组成部分重要性的汇总数不能高于集团财务报表整体的重要性

B. 集团项目组应当将组成部分重要性设定为低于集团财务报表整体的重要性

C. 组成部分重要性应当由集团项目组确定

D. 集团项目组应当为所有组成部分确定组成部分重要性

9. 下列事项中，可能存在高度估计不确定性会计估计的有（　　）。

A. 未采用经认可的计量技术计算的会计估计

B. 不能精确计量的会计估计

C. 注册会计师对上期财务报表中类似会计估计进行复核的结果表明最初会计估计与实际结果之间存在很大差异，在这种情况下管理层作出的会计估计

D. 采用高度专业化的，由被审计单位自主开发的模型，或在缺乏可观察到的输入数据的情况下作出的公允价值会计估计

10. 注册会计师在审计报告日前对期后事项实施的审计程序可能包括（　　）。

A. 查阅资产负债表日后董事会会议记录，确定有无企业合并或处置子公司的情形

B. 抽查计算资产负债表日后日常销售业务的账务处理

C. 检查资产负债表日后诉讼案件的结案情况

D. 检查财务报表日前销售的产品是否被顾客退回

**三、简答题**（本题型共6小题36分。其中第一道小题可以选用中文或英文解答，如使用英文解答，须全部使用英文，答题正确的，增加5分。本题型最高得分为41分。）

1. A注册会计师是U会计师事务所指定的X集团公司2019年度合并财务报表审计业务的项目合伙人。A注册会计师与集团项目组编制的审计工作底稿记载的与集团审计相关部分情况如下：

（1）经过与各组成部分注册会计师沟通，由集团项目组了解公司及其环境，由组成部分注册会计师了解组成部分及其环境。

（2）集团项目拟从职业道德、专业胜任能力和监管环境三个方面对组成部分注册会计师进行必要了解。

（3）因为设在境外的Y组成部分注册会计师不符合与集团审计相关的独立性要求，A注册会计师拟亲自参与Y组成部分工作，以消除疑虑。

（4）由代表集团项目组的组成部分注册会计师运用重要组成部分的重要性对其财务信息实施审计，集团项目组不再参与该组成部分的审计。

（5）虽然集团项目组无法接触Z重要组成部分注册会计师，但因拥有该组成部分的已审财务报表和集团公司拥有该组成部分的财务信息，认为审计范围不受限制。

（6）对重要组成部分实施审计、在集团层面对不重要的组成部分实施分析程序后，集团项目组仍然认为无法获取充分适当的审计证据，拟考虑对集团财务报表发表保留意见。

要求：分别针对上述每一种情况，指出A注册会计师的决策是否存在不当之处。如认为存在不当之处，请简要说明理由。

2. U会计师事务所负责审计上市公司甲公司2019年度财务报表。审计项目组在审计工作底稿中记录了与会计估计相关的审计情况，部分内容摘录如下：

（1）在实施风险评估程序和相关活动，以了解被审计单位及其环境时，项目组成员拟了解使用的财务报告编制基础的要求等内容，作为识别和评估会计估计重大错报风险的基础。

（2）在与会计估计相关的情况没有发生变化或没有出现新的信息时，项目组成员认为

考虑会计估计或其估计方法自上期以来发生的变化不是必要的。

(3) 项目组对甲公司某项在建工程减值准备作出的区间估计为100万元至120万元之间，且认为使用区间估计能够获取充分、适当的审计证据。由于管理层的点估计为110万元，项目组成员认为错报不小于10万元。

(4) 由于甲公司管理层已按照适用的财务报告编制基础对具有特别风险的会计估计进行了披露，项目组成员认为没有必要评价甲公司对估计不确定的披露是否充分。

(5) 针对某项公允价值会计估计，甲公司使用的自有假设与可观察到的市场假设不一致。项目组成员拟将其视为与会计估计相关的管理层偏向的迹象记录于审计工作底稿。

要求：(1) 针对上述第(1)项，指出项目组成员还需要了解哪些内容。

(2) 针对上述情况第(2)至(5)项，逐项指出审计项目组的做法是否恰当。如不恰当，提出改进建议。

3. 会计师事务所的A注册会计师负责审计甲公司2019年度财务报表，与存货审计相关的部分事项如下：

(1) 注册会计师直接根据监盘结果认可了年末存货数量。因为注册会计师12月28日对存货实施监盘，结果满意，且年末存货余额与盘点日余额差异很小。

(2) 甲公司的存货有特别风险，注册会计师在了解部分内部控制后，未测试控制运行的有效性，直接实施了细节测试。

(3) 甲公司的部分存货存放在第三方，故注册会计师向第三方函证此部分存货的数量和状况，收到传真件回函显示与甲公司所述的数量一致。A注册会计师据此认可了回函结果。

(4) 注册会计师获取了甲公司的存货货龄分析表，考虑了生产和仓储部门上报的存货损毁情况及存货监盘中对存货状况的检查情况，并且考虑了存货货龄分析表的完整性和准确性后，认为甲公司财务人员编制的存货可变现净值计算表中计提跌价准备的项目不存在遗漏。

要求：针对上述第(1)至(4)项，逐项指出注册会计师的做法是否恰当，如不恰当，简要说明理由。

4. ABC会计师事务所的注册会计师A和B于2020年3月10日完成对甲股份有限公司2019年度内部控制有效性的审计工作后，出具一份内部控制审计报告。

内部控制有效性审计报告

甲公司：

按照《企业内部控制审计指引》及中国注册会计师执业准则的相关要求，我们审计了甲公司2019年12月31日的资产负债表，2019年度的利润表、现金流量表、股东权益变动表以及合并财务报表附注等内部控制的有效性。

一、企业对内部控制的责任

按照《企业内部控制基本规范》《企业内部控制应用指引》《企业内部控制评价指引》的规定，建立健全和有效实施内部控制，并评价其有效性是甲公司董事会的责任。

二、注册会计师的责任

我们的责任是在实施审计工作的基础上，对财务报告内部控制的有效性发表审计意见，并对注意到的非财务报告内部控制的重大缺陷进行披露。

三、内部控制的固有局限性

内部控制具有固有局限性，存在不能防止和发现错报的可能性。此外，由于情况的变化可能导致内部控制变得不恰当，根据内部控制审计结果推测未来内部控制的有效性具有一定风险。

四、财务报告内部控制审计意见

我们认为，甲公司于 2019 年 12 月 31 日按照《企业会计准则》和相关规定在所有重大方面保持了有效的财务报告内部控制。

××会计师事务所　　　　中国注册会计师：A

（盖章）　　　　（签名并盖章）

中国注册会计师：B

（签名并盖章）

中国××市　　　　二〇一九年十二月三十一日

要求：根据《企业内部控制审计指引》要求，请指出 A 和 B 注册会计师撰写的甲股份有限公司内部控制审计报告的不当之处，并予以修订。

5. 上市公司甲公司是 ABC 会计师事务所的常年审计客户，A 注册会计师负责审计甲公司 2019 年度财务报表。审计工作底稿中与确定重要性和评估错报相关的部分内容摘录如下：

金额单位：万元

| 项目 | 2019 年 | 2018 年 | 备注 |
|---|---|---|---|
| 营业收入 | 16 000<br>（未审数） | 15 000<br>（已审数） | 2019 年，竞争对手推出新产品抢占市场，甲公司通过降价和增加广告投放促销。 |
| 税前利润 | 50<br>（未审数） | 2 000<br>（已审数） | 2019 年，降价及销售费用增长导致盈利大幅下降。 |
| 财务报表整体的重要性 | 80 | 100 | |
| 实际执行的重要性 | 60 | 75 | |
| 明显微小错报的临界值 | 0 | 5 | |

（1）2018 年度财务报表整体的重要性以税前利润的 5% 计算。2019 年，由于甲公司处于盈亏临界点，A 注册会计师以过去 3 年税前利润的平均值作为基准确定财务报表整体的重要性。

（2）由于 2018 年度审计中提出的多项审计调整建议金额均不重大，A 注册会计师确定 2019 年度实际执行的重要性为财务报表整体重要性的 75%，与 2018 年度保持一致。

（3）2019 年，治理层提出希望知悉审计过程中发现的所有错报，因此，A 注册会计师确定 2019 年度明显微小错报的临界值为 0。

（4）甲公司 2019 年末非流动负债余额中包括一年内到期的长期借款 2 500 万元，占非流动负债总额的 50%。A 注册会计师认为，该错报对利润表没有影响，不属于重大错报，同意管理层不予调整。

（5）A 注册会计师仅发现一笔影响利润表的错报，即管理费用少计 60 万元。A 注册会计师认为，该错报金额小于财务报表整体的重要性，不属于重大错报，同意管理层不予调整。

要求：针对上述第（1）至（5）项，假定不考虑其他条件，逐项指出A注册会计师的做法是否恰当。如不恰当，简要说明理由。

6. 旺达公司（上市公司）是DZH会计师事务所的常年审计客户。2020年2月20日，DZH会计师事务所出具了旺达公司2019年度审计报告。BMW会计师事务所是DZH会计师事务所的网络事务所。在对旺达公司2019年度财务报表审计中，DZH会计师事务所遇到下列与职业道德相关的事项：

（1）A注册会计师是DZH会计师事务所的合伙人，在2014年至2018年期间连续签署了旺达公司5年审计报告。在对旺达公司2019年度财务报表审计中，A注册会计师不再担任审计项目合伙人，仅为旺达公司2019年度审计项目组提供旺达公司重大关联方及其交易事项提供咨询指导。

（2）审计项目组成员B注册会计师曾是旺达公司人力资源总监，2018年8月离开旺达公司加入DZH会计师事务所。

（3）审计项目合伙人C注册会计师自2018年开始担任旺达公司首席法律顾问。

（4）DZH会计师事务所委派注册会计师F临时为旺达公司董事长秘书汇集旺达公司公开对外征集的某一新产品广告创意的信件。

（5）DZH会计师事务所于2019年5月1日开始与旺达公司的全资子公司签订为期3年的合作协议，协助乙公司推广软件，按照乙公司所得营业收入的1%获取推广费。

（6）丙公司是旺达公司的全资子公司，BMW事务所为丙公司设计了2019年度的内部控制实施细则。

要求：针对上述第（1）至（6）项，逐项指出是否存在违反中国注册会计师职业道德守则的情况，并简要说明理由。

**四、综合题**（本题共19分）

天信股份有限公司（简称“天信公司”）为上市公司，主要是从事各类高科技产品的研发、生产和销售。LX会计师事务所连续多年负责审计天信公司财务报表，2019年度天信公司财务报表审计继续由LX会计师事务所的A注册会计师担任审计项目合伙人。A注册会计师在审计工作底稿中记录了审计项目组了解的天信公司及其环境的情况，部分内容摘录如下：

资料一：

（1）对于天信公司产品A所在的W行业而言，全国2019年W行业投资总额较2018年同期下降了55%，主要源于与该产品类似的G产品大量上市，其较A产品功效更显著，成本更低。

（2）天信公司B产品被质量检验部门抽检后，发现存在大量不合格情况，存在严重的安全隐患，考虑到B产品尚未对外出售，相关部门要求全面销毁B产品。

（3）2019年12月，由于C产品生产带来的污染，给天信公司厂区附近居民的鱼塘带来了不利的影响。附近居民已经对天信公司提起诉讼要求天信公司进行巨额赔偿，天信公司律师认为根据相关法律法规很可能赔偿150万元。公司董事会决议更新一批即将到期的旧设备，从美国进口一批低污染排放的生产设备来应对钢材生产带来的环境污染问题，同时未对居民的投诉进行相应的账务处理。

(4) 公司生产的D产品由于国家出台相关政策，严格限制原材料的开采，供应商要求对原材料价格大幅加价。

资料二：

A注册会计师在审计工作底稿中记录了所获取的天信公司财务数据，部分内容摘录如下。

金额单位：人民币万元

| 项目 | 2019 年（审计前金额） | 2018 年金额 |
|---|---|---|
| 营业收入－A | 18 000 | 20 000 |
| 营业收入－D | 5 000 | 10 000 |
| 营业成本－D | 3 600 | 7 000 |
| 存货－A | 0 | 0 |
| 存货－B | 2 400 | 0 |
| 预计负债 | 0 | 0 |

资料三：

A注册会计师在审计工作底稿中记录了拟实施的风险应对程序，部分内容摘录如下：

(1) A注册会计师确定对广告费交付审批控制的测试样本量为80个，拟在期中审计时测试从2019年3月至9月交易中选取的50个样本，期末审计时测试从2019年9月至11月交易中选取的30个样本。

(2) A注册会计师评估认为安装费用不存在特别风险，考虑到安装费用与销售存在较为稳定的预期关系，拟对其实施实质性分析程序，不再实施细节测试。

(3) 天信公司收入及成本核算高度依赖信息系统。会计师事务所的信息技术专家对天信公司信息技术一般控制和与收入和成本相关的信息技术应用控制进行了测试，结果满意。

(4) A注册会计师在实施会计分录测试时，将天信公司全年的标准会计分录和非标准会计分录作为待测试总体，在测试其完整性后，对选取的样本实施了细节测试，未发现异常。

要求：

1. 针对资料一第（1）至（4）项，结合资料二，假定不考虑其他条件，逐项判断资料一所列事项是否可能表明存在重大错报风险。如果认为存在，简要说明理由，并指出相关事项主要与哪些财务报表项目（仅限于：营业收入、营业成本、资产减值损失、存货、在建工程、固定资产、财务费用、营业外支出）的哪些认定相关。

| 事项 | 是否可能表明存在重大错报风险（是/否） | 理由 | 财务报表项目 | 财务报表认定 |
|---|---|---|---|---|
| (1) | | | | |
| (2) | | | | |

续表

| 事项 | 是否可能表明存在重大错报风险（是/否） | 理由 | 财务报表项目 | 财务报表认定 |
|---|---|---|---|---|
| (3) | | | | |
| (4) | | | | |

2. 针对资料三第（1）至（4）项，逐项判断所列风险应对程序是否有效。

3. 请介绍注册会计师进行风险应对时，针对营业收入采取的实质性分析程序的基本要点，并分析建立期望值的方法。

# 2020年注册会计师全国统一考试
# 《审计》全真模拟试题（四）参考答案及解析

## 一、单项选择题

1. 答案：C

解析：选项A错误，鉴证业务包括审计业务和审阅业务，审计业务提供高水平保证（合理保证），审阅提供的是低水平保证（有限保证）。选项B错误，代编财务信息不属于鉴证业务，属于相关服务业务，只有鉴证业务才有保证水平。选项D错误，执行商定程序不属于鉴证业务，属于相关服务业务，只有鉴证业务才有保证水平。

2. 答案：C

解析：认定层次的重大错报风险又可以进一步细分为固有风险和控制风险，选项C错误。

3. 答案：B

解析：检查银行存款账户发生额。注册会计师对银行存款账户的发生额进行审计，通常能够有效应对被审计单位编制虚假财务报告、管理层或员工非法侵占货币资金等舞弊风险。除实施其他审计程序外，注册会计师还可以考虑对银行存款账户的发生额实施以下程序：（1）分析不同账户发生银行日记账漏记银行交易的可能性，获取相关账户相关期间的全部银行对账单；（2）如果对被审计单位银行对账单的真实性存有疑虑，注册会计师可以在被审计单位协助下亲自到银行获取银行对账单。在获取银行对账单时，注册会计师要全程关注银行对账单的打印过程；（3）选取银行对账单中记录的交易与被审计单位银行日记账记录进行核对；从被审计单位银行存款日记账上选取样本，核对至银行对账单；（4）浏览银行对账单，选取大额异常交易，如银行对账单上有一收一付相同金额，或分次转出相同金额等，加查被审计单位银行存款日记账上有无该项收付金额记录。

4. 答案：D

解析：选项D错误，保持职业怀疑有助于注册会计师审慎评价审计证据，纠正仅获取最容易获取的审计证据，纠正忽视存在相互矛盾的审计证据的偏向。

5. 答案：B

解析：初步业务活动的内容包括：针对保持客户关系和具体审计业务实施相应的质量控制程序；评价遵守相关职业道德要求的情况；就审计业务约定条款达成一致意见。确定项目组成员及拟利用的专家是在承接业务之后才需考虑的。

6. 答案：A

解析：选项B，在对银行存款实施函证时，应当向被审计单位在本期存过款的所有银行发函，包括零余额账户和在本期内注销的账户，不因内部控制设计良好而减少函证的量；选项C，除非有充分证据表明应收账款对被审计单位财务报表而言是不重要的，或者函证很可能是无效的，否则，注册会计师应当对应收账款进行函证；选项D，当同时满足重大错报风险评估为低水平、涉及大量余额较小的账户、预期不存在大量的错误、没有理由相信被询证者不认真对待函证这四个条件时才可以考虑采用消极的函证方式。

7. 答案：D

解析：在总体复核阶段实施的分析程序主要在于强调并解释财务报表项目自上个会计期间以来发生的重大变化，以证实财务报表中列报的所有信息与注册会计师对被审单位及其环境的了解一致，与注册会计师取得的审计证据一致。风险评估中运用分析程序的主要目的在于识别那些可能表明财务报表存在重大错报风险的异常变化。

8. 答案：A

解析：样本具有代表性并不意味着根据样本测试结果推断的错报一定与总体中的错报完全相同。

9. 答案：B

10. 答案：A

解析：如果审计证据的质量存在缺陷，注册会计师仅靠获取更多的审计证据不能弥补其质量上的缺陷。

11. 答案：C

解析：在监盘前和监盘过程中均应检验磅秤的精准度，并留意磅秤的位置移动与重新调校程序，选项C错误。

12. 答案：B

解析：在极其特殊的情况下，如果认为有必要偏离某项审计准则的相关要求，注册会计师应当记录实施的替代审计程序如何实现相关要求的目的以及偏离的原因。编制审计工作底稿的文字应当使用中文。少数民族自治地区可以同时使用少数民族文字。中国境内的中外合作会计师事务所、国际会计公司成员所可以同时使用某种外国文字。

13. 答案：A

解析：认定层次的重大错报风险可以进一步细分为固有风险和控制风险，选项B错误；注册会计师既可以对固有风险和控制风险进行单独评估，也可以进行合并评估，选项C错误；由于控制的固有局限性，某种程度的控制风险始终存在，选项D错误。

14. 答案：B

解析：选项B错误，尽管书面声明能够提供必要的审计证据，但其本身并不能为财务报表特定认定提供充分、适当的审计证据。

15. 答案：C

解析：验收单应连续编号以保证采购业务的完整性，而未连续编号容易造成采购业务的漏记或重记。

16. 答案：C

解析：管理层对持续经营能力作出评估，是注册会计师判断被审计单位以持续经营假设为基础编制财务报表是否适当的依据，所以必须要求管理层作出评估。

17. 答案：B

解析：针对特别风险的控制，如果经过了解获知，其本身的控制设计不合理，或者虽然经过合理的设计但并未得到有效执行，则无需进行测试。

18. 答案：D

解析：注册会计师应当了解被审计单位内部控制以及舞弊风险，不论其规模大小。

19. 答案：D

解析：选项A、B、C属于可以考虑较多运用内部审计工作的情形。

20. 答案：C

解析：后任注册会计师与前任注册会计师进行沟通的目标是：（1）在接受委托前，后任注册会计师与前任注册会计师就影响业务承接决策的事项进行必要沟通，以确定是否接受委托；（2）在接受委托后，后任注册会计师在必要时与前任注册会计师就对审计有重大影响的事项进行沟通，以获取必要的审计证据；（3）前任注册会计师在征得被审计单位书面同意后，对后任注册会计师提出的沟通要求予以必要的配合。

21. 答案：D

解析：选项A不正确，编制虚假财务报告与侵占资产导致的重大错报风险不能直接比较大小，一样重要。选项B不正确，属于侵占资产的舞弊。选项C不正确，只能假定收入的确认存在舞弊风险。

22. 答案：C

解析：在确定可接受的误受风险水平时，注册会计师需要考虑针对同一审计目标的其他实质性程序的检查风险，选项C错误。

23. 答案：B

解析：如果组成部分注册会计师不符合与集团审计相关的独立性要求，集团项目组不能通过参与组成部分注册会计师的工作、实施追加的风险评估程序或对组成部分财务信息实施进一步审计程序，以消除组成部分注册会计师不具有独立性的影响，选项B属于无法利用组成部分注册会计师的工作。

24. 答案：D

解析：外部专家不受会计师事务所按照质量控制准则制定的质量控制政策和程序的约束。

25. 答案：B

解析：在设计审计样本时，注册会计师应当考虑审计程序的目标和抽样总体的属性。注册会计师应当根据所获取的审计证据的性质，以及与该审计证据相关的可能的误差情况或其他特征，界定误差构成条件和抽样总体。在实施控制测试时，注册会计师通常根据对相关控制的设计和执行情况的了解，或根据从总体中抽取少量项目进行检查的结果，对拟测试总体的预计误差率进行评估。选项B在实施细节测试时，注册会计师通常对总体的预计误差额进行评估。

## 二、多项选择题

1. 答案：ACD

解析：针对旨在减轻特别风险的控制，本期审计时应当进行测试（选项 D）。在确定是否需要在本期测试某项控制以获得控制运行有效性的审计证据时，注册会计师主要考虑以下五个方面的因素：（1）该控制是否针对特别风险；（2）该控制在最近两年是否被测试过；（3）该控制在本年是否发生变化；（4）现实需要测试的因素，如复杂的人工控制；（5）是否需要满足每年测试一部分控制的要求而测试。

2. 答案：ACD

解析：选项 A 不正确，降低保证程度的变更业务，需要合理理由。选项 B 正确，属于变更业务的合理理由。选项 C 不正确，审计范围受到限制不是合理理由。选项 D 不正确，为了避免引起报告使用者的误解，变更业务后，注册会计师不应在审阅报告中提及原审计业务以及在原审计业务中已执行的程序（商定程序除外）。

3. 答案：ABC

解析：选项 D 属于与侵占资产导致的错报相关的舞弊风险因素相关。

4. 答案：ACD

解析：选项 B 不正确，注册会计师通常选取金额超过实际执行的重要性的财务报表项目实施进一步审计程序，因为这些财务报表项目有可能导致财务报表出现重大错报。但是，这不代表注册会计师可以对所有金额低于实际执行的重要性的财务报表项目不实施进一步审计程序。

5. 答案：BC

解析：如果评价审计结果时的重要性小于计划审计工作时所评估的重要性，这意味着注册会计师所执行的审计程序不充分；如果评价审计结果时的重要性大于计划审计工作时所评估的重要性，这意味着注册会计师所执行的审计程序已经充分。

6. 答案：AD

解析：注册会计师应当通过评价下列事项，确定是否能够利用内部审计的工作以实现审计目的：（1）内部审计在被审计单位中的地位，以及相关政策和程序支持内部审计人员客观性的程度；（2）内部审计人员的胜任能力；（3）内部审计人员是否采用系统、规范化的方法（包括质量控制）。

7. 答案：ABCD

解析：注册会计师评价专家工作是否足以实现审计目标所实施的特定程序可能包括：（1）询问专家；（2）复核专家的工作底稿和报告；（3）实施用于证实的程序；（4）必要时与具有相关专长的其他专家讨论；（5）与管理层讨论专家的报告。

8. 答案：BC

解析：选项 A，在确定组成部分重要性时，无需采用将集团财务报表整体重要性按比例分配的方式，因此对不同组成部分确定的重要性的汇总数，有可能高于集团财务报表整体重要性；选项 D，如果集团项目组仅计划对不重要的组成部分在集团层面实施分析程序，那么无须为其确定重要性。

9. 答案：ACD

解析：会计估计本身在缺乏精确计量手段的情况下采用的某项金额的近似值。可能存在高度估计不确定性的例子如下：（1）高度依赖判断的会计估计；（2）未采用经认可的计量技术计算的会计估计；（3）注册会计师对上期财务报表中类似会计估计进行复核的结果表明最初会计估计与实际结果之间存在很大差异，在这种情况下管理层作出的会计估计；（4）采用高度专业化的，由被审计单位自主开发的模型，或在缺乏可观察到的输入数据的情况下作出的公允价值会计估计。

10. 答案：ACD

解析：注册会计师针对期后事项实施的审计程序，主要围绕“跨期”事项和资产负债表日后发生的“重大”事项，对于前者，可能需要被审计单位调整报表，对于后者，则需要被审计单位在报表中进行披露。选项 B，属于资产负债表日后发生的普通业务，与所审计的财务报表无关。

## 三、简答题

1. 答案：

情况（1）存在不当之处。集团项目组不仅应当了解集团及其环境，而且应当充分了解集团组成部分及其环境。

情况（2）存在不当之处。除所述三个方面外，集团项目组还应当了解其参与组成部分注册会计师工作的程度是否足以获取充分、适当的审计证据。

情况（3）存在不当之处。如果组成部分注册会计师不符合与集团审计相关的独立性要求，集团项目组不能通过参与组成部分注册会计师的工作以消除影响。

情况（4）存在不当之处。集团项目组应当参与重要组成部分注册会计师实施的风险评估程序，以识别导致集团财务报表发生重大错报的特别风险。

情况（5）存在不当之处。所述情况导致集团项目组无法参与重要组成部分注册会计师的工作，表明审计范围受到重大限制。

情况（6）存在不当之处。在所述情况下，集团项目组应当选择某些不重要的组成部分对其财务信息执行一项或多项工作，以获取充分、适当的审计证据。

2. 答案：

（1）项目组成员还应当了解管理层如何识别是否需要作出会计估计以及管理层如何作出会计估计。

（2）情况（2）不恰当。在情况没有发生变化或没有出现新的信息时，对会计估计或估计方法作出改变是武断的。考虑会计估计或其估计方法自上期以来发生的变化是非常重要的。

情况（3）不恰当。管理层的点估计落入注册会计师的区间估计范围内，表明管理层的点估计得到审计证据的支持，不构成错报。

情况（4）不恰当。对具有特别风险的会计估计，即使已按适用的财务报告编制基础进行了披露，注册会计师仍可能根据所涉及的情况和事实认为对估计不确定性的披露不充分。

情况（5）恰当。与会计估计相关的、可能存在管理层偏向迹象的例子包括：针对公允价值会计估计，被审计单位的自由假设与可观察到的市场假设不一致，但仍使用被审计单位的自有假设。注册会计师应当将识别出的可能存在管理层偏向的迹象形成审计工作底稿。

3. 答案：

（1）不恰当。如果存货盘点日不是资产负债表日，注册会计师应当实施适当的审计程序，确定盘点日与资产负债表日之间存货的变动是否已得到恰当的记录。

（2）恰当。

（3）不恰当。在收到传真回函时，注册会计师可以与被询证者联系以核实回函的来源及内容，必要时，可以要求被询证者提供回函原件。

（4）恰当。

4. 答案：

注册会计师 A 和 B 出具的内部控制审计报告存在的不当之处有：

（1）内部控制审计报告的标题不当。修订为："内部控制审计报告"。

（2）内部控制审计报告的收件人不当，应当指注册会计师按照业务约定书的要求致送内部控制审计报告的对象，一般是指审计业务的委托人。内部控制审计报告需要载明收件人的全称。修订为："甲股份有限公司全体股东"。

（3）内部控制审计报告的引言段不当，应当说明企业的名称和内部控制已经过审计，而不是针对甲公司 2019 年 12 月 31 日的资产负债表，2019 年度的利润表、现金流量表、股东权益变动表以及合并财务报表附注等内部控制的有效性予以说明。修订为："按照《企业内部控制审计指引》及中国注册会计师执业准则的相关要求，我们审计了甲股份有限公司（以下简称'甲公司'）2019 年 12 月 31 日的财务报告内部控制的有效性。"

（4）内部控制固有局限性的说明段表述不完整，应当表述为"内部控制具有固有局限性，存在不能防止和发现错报的可能性。此外，由于情况的变化可能导致内部控制变得不恰当，或对控制政策和程序遵循的程度降低，根据内部控制审计结果推测未来内部控制的有效性具有一定风险。"

（5）财务报告内部控制审计意见段表述不当，甲公司应按照《企业内部控制基本规范》和相关规定在所有重大方面保持了有效的财务报告内部控制。修订为："我们认为，甲公司于 2019 年 12 月 31 日按照《企业内部控制基本规范》和相关规定在所有重大方面保持了有效的财务报告内部控制。"

（6）报告日期不当，审计报告的日期不应早于注册会计师获取充分、适当的审计证据（包括董事会认可对内部控制及评价报告的责任且已批准评价报告的证据），并在此基础上对内部控制的有效性形成审计意见的日期。如果内部控制审计和财务报表审计整合进行，注册会计师对内部控制审计报告和财务报表审计报告需要签署相同的日期。修订为：二〇二〇年三月十日。

5. 答案：

（1）恰当。

（2）不恰当。2018 年度有多项审计调整，甲公司在 2019 年面临较大市场压力，显示项目总体风险较高，将实际执行的重要性确定为财务报表整体重要性的 75% 不恰当。

（3）恰当。

（4）不恰当。①该分类错报对其所影响的账户重大；②很可能影响关键财务指标（如营运资金），应作为重大错报。

（5）不恰当。该错报虽然小于财务报表整体的重要性，但会使甲公司税前利润由盈利转为亏损，属于重大错报。

6. 答案：

（1）违反。旺达公司为公众利益实体的审计客户，A 注册会计师是旺达公司财务报表审计业务的关键审计合伙人。A 注册会计师对于旺达公司签署审计报告不能超过 5 年，在任职期结束后的两年时间内不能再次成为该公司的审计项目组成员，也不能在这两年时间内为审计旺达公司项目组提供诸如质量控制复核或咨询等，否则存在密切关系和自身利益对独立性的不利影响。

（2）不违反。审计项目组成员在财务报表涵盖期间之前担任审计客户“人力资源总监”，该职务不属于能够对所审计的旺达公司 2019 年度财务报表构成直接重大影响的“董事、高级管理人员或特定岗位的员工”，不存在自身利益、自我评价或密切关系对独立性的不利影响。

（3）违反。审计项目合伙人 C 注册会计师担任审计客户首席法律顾问，承担了审计客户旺达公司管理层职责，存在自我评价、过度推介对独立性的重大不利影响。

（4）不违反。F 注册会计师临时为审计客户旺达公司董事长秘书汇集广告创意的信件属于提供日常行政性服务，其工作性质没有代行旺达公司管理层职责，不存在自我评价、过度推介对独立性的不利影响。

（5）违反。DZH 会计师事务所与审计客户的关联实体（乙公司）存在密切的商业关系，存在自身利益或外在压力对独立性的不利影响。

（6）违反。DZH 事务所与 BMW 事务所构成网络，丙公司与旺达公司属于关联实体，DZH 事务所的网络所为审计客户旺达公司的关联实体（丙公司）提供企业内部控制设计业务，相当于 DZH 事务所在审计业务期间为审计客户提供了禁止性的非审计业务，存在因自身利益、自我评价等对独立性的重大不利影响。

## 四、综合题

答案：

1.

| 事项 | 是否可能表明存在重大错报风险（是/否） | 理由 | 财务报表项目 | 财务报表认定 |
|---|---|---|---|---|
| （1） | 是 | A 产品被 G 产品影响甚至取代，导致其销量大幅下降，但数据显示 A 产品本年度较上一年的销量变化幅度较小，且生产 A 产品的固定资产可能存在减值。 | 营业收入<br>固定资产<br>存货 | 发生<br>准确性、计价和分摊<br>完整性 |
| （2） | 是 | 产品 B 不合格，存在安全隐患，应销毁，且应全额计提跌价准备，可能存在多计存货的重大错报风险。 | 存货 | 准确性、计价和分摊 |
| （3） | 是 | 环境污染很可能导致诉讼赔偿 150 万元，但未记录。 | 预计负债 | 完整性 |
| （4） | 是 | D 产品原材料价格大幅上升，但毛利率与去年相比相差不大，因此，可能存在低估成本或高估收入的重大错报风险。 | 营业收入<br>营业成本 | 发生<br>完整性 |

2.

（1）否。总体不完整，注册会计师还应考虑从 2019 年 1 月至 3 月的交易中选取样本进行测试。

（2）是。

（3）是。

（4）否。会计分录测试的总体应当包括在报告期末作出的其他调整。

3. 营业收入的实质性分析程序

（1）针对已识别需要运用分析程序的有关项目，并基于对被审计单位及其环境的了解，通过进行以下比较，同时考虑有关数据间关系的影响，以建立有关数据的期望值。

（2）确定可接受的差异额。

（3）将实际的情况与期望值相比较，识别需要进一步调查的差异。

（4）如果其差额超过可接受的差异额，调查并获取充分的解释和恰当的、佐证性质的审计证据（如通过检查相关的凭证等）。

（5）评估分析程序的测试结果。

其中，建立有关数据的期望值：

①将本期的主营业务收入与上期的主营业务收入、销售预算或预测数等进行比较，分析主营业务收入及其构成的变动是否异常，并分析异常变动的原因。

②计算本期重要产品的毛利率，与上期预算或预测数据比较，检查是否存在异常，各期之间是否存在重大波动，查明原因。

③比较本期各月各类主营业务收入的波动情况，分析其变动趋势是否正常，是否符合被审计单位季节性、周期性的经营规律，查明异常现象和重大波动的原因。

④将本期重要产品的毛利率与同行业企业进行对比分析，检查是否存在异常。

⑤根据增值税发票申报表或普通发票，估算全年收入，与实际收入金额比较。

# 2020年注册会计师全国统一考试
# 《审计》全真模拟试题（五）

**一、单项选择题**（本题型共25小题，每小题1分，共25分。每小题只有一个正确答案，请从每小题的备选答案中选出一个你认为正确的答案，用鼠标点击相应的选项。）

1. 通常无需包含在审计业务约定书中的是（　　）。

A. 财务报表审计的目标与范围

B. 出具审计报告的日期

C. 用于编制财务报表所适用的财务报告编制基础

D. 管理层和治理层的责任

2. 以下有关财务报表审计的说法中，正确的是（　　）。

A. 如果注册会计师出具了无保留意见，但被审计单位因存在财务报表舞弊遭到有关部门处罚，注册会计师应当承担责任

B. 注册会计师有效地制定控制测试程序能够降低被审计单位的控制风险

C. 财务报表审计可以减轻管理层的责任

D. 注册会计师基于自身的预期、判断和个人经验对鉴证对象进行的评价和计量，并不能构成适当的标准

3. 关于信息技术对内部控制的影响，以下因素中，最相关的是（　　）。

A. 被审计单位人工控制和自动化控制运用的比例

B. 被审计单位对人工控制的依赖程度

C. 被审计单位对信息技术的依赖程度

D. 被审计单位内部控制运用的效果

4. 下列审计程序中可以证明固定资产“准确性、计价和分摊”认定的是（　　）。

A. 检查固定资产明细账，并与总账核对

B. 进行实地查看固定资产

C. 检查固定资产的购货合同

D. 从固定资产实物追查到固定资产明细账及总账

5. 关于审计的总体目标，下列说法中，错误的是（　　）。

A. 对财务报表整体是否不存在由于舞弊或错误导致的重大错报获取合理保证

B. 注册会计师能够对财务报表是否在所有重大方面按照适用的财务报告编制基础编制发表审计意见

C. 按照审计准则的规定，根据审计结果对财务报表出具审计报告，并与管理层和治理层沟通

D. 对被审计单位内部控制是否存在值得关注的缺陷提供合理保证

6. 下列有关职业怀疑的说法中，错误的是（ ）。

A. 注册会计师是否能够保持职业怀疑在很大程度上取决于其胜任能力

B. 会计师事务所的业绩评价机制会削弱注册会计师对职业怀疑的保持程度

C. 保持独立性可以增强注册会计师在审计中保持职业怀疑的能力

D. 审计的时间安排和工作量要求有可能会阻碍注册会计师保持职业怀疑

7. 下列有关重大错报风险的说法中，错误的是（ ）。

A. 注册会计师应当从财务报表层次和各类交易、账户余额和披露认定层次考虑重大错报风险

B. 重大错报风险指财务报表在审计前存在重大错报的可能性

C. 重大错报风险可进一步区分为固有风险和检查风险

D. 注册会计师可以定性或定量评估重大错报风险

8. 关于累计错报，下列说法中，错误的是（ ）。

A. 推断错报是指由于管理层对会计估计作出不合理的判断或不恰当地选择和运用会计政策而导致的差异

B. 累计错报包括事实错报、判断错报和推断错报

C. 累计错报包括明显微小错报

D. 累计错报的汇总数接近确定的重要性，则表明存在比可接受的低风险水平更大的风险

9. 下列有关注册会计师利用外部专家工作的说法中，错误的是（ ）。

A. 外部专家需要遵守适用于注册会计师的相关职业道德要求中的保密条款

B. 外部专家不受会计师事务所按照质量控制准则制定的质量控制政策和程序的约束

C. 外部专家的工作底稿是审计工作底稿的一部分

D. 在审计报告中提及外部专家的工作并不减轻注册会计师对审计意见承担的责任

10. 如果识别出舞弊或怀疑存在舞弊，注册会计师应当（ ）。

A. 向监管机构报告

B. 向董事会机构报告

C. 确定是否有责任向被审计单位以外的机构报告

D. 确定是否有责任向被审计单位以内的机构报告

11. 注册会计师应当针对评估的由于舞弊导致的财务报表层次重大错报风险确定总体应对措施。下列各项措施中，错误的是（ ）。

A. 修改财务报表整体的重要性

B. 评价被审计单位对会计政策的选择和运用

C. 指派更有经验、知识、技能和能力的项目组成员

D. 在确定审计程序的性质、时间安排和范围时，增加审计程序的不可预见性

12. 下列有关银行询证函的说法中，不合理的是（ ）。

A. 可以采用邮寄方式函证，也可以采用跟函方式

B. 要求银行将回函直接寄至会计师事务所

C. 向每一家开户银行寄发询证函

D. 函证对象包括零余额账户和在本期内注销的账户

13. 注册会计师于2020年1月2日承接A公司2019年度的财务报表审计业务，2月25日完成审计工作，提交审计报告，财务报表实际对外报出日为3月10日，在此期间发现了下列有关会计估计的期后事项，属于第二类期后事项的是（　　）。

A. 2019年12月25日发生的一项未决诉讼，确认预计负债200万元，2020年1月24日终审判决

B. 2019年12月31日针对一笔逾期2年的应收账款——B公司200万元按照10%计提了坏账准备，2020年2月10日，B公司因长期经营不善破产，A公司没有收回任何款项

C. 2019年12月31日针对一笔逾期2年的应收账款——B公司200万元按照10%计提了坏账准备，2020年2月26日，B公司发生火灾被迫破产，A公司没有收回任何款项

D. 2019年12月25日发生一项未决诉讼，无法合理估计赔偿金额，2020年1月24日终审判决

14. 下列控制活动中，属于预防性控制的是（　　）。

A. 针对销售业务，每月末向客户寄送对账单

B. 销货发票上的价格根据价格清单上的信息确定

C. 定期编制银行存款余额调节表，跟踪调查挂账的项目在对其他项目进行审核的同时，查找存入银行但没有记入日记账的现金收入

D. 计算机每天比较运出的货物的数量和开票数量

15. 如果注册会计师认为存货数量存在舞弊导致的重大错报风险，下列做法中，通常不能应对该风险的是（　　）。

A. 扩大与存货相关的内部控制测试的样本规模

B. 要求被审计单位在报告期末或邻近期末的时点实施存货盘点

C. 在不预先通知的情况下对特定存放地点的存货实施监盘

D. 利用专家的工作对特殊类型的存货实施更严格的检查

16. 注册会计师对被审计单位2019年1月1日至12月31日的年度财务报表进行审计，并于2020年4月10日出具审计报告。下列各项中，管理层在编制2019年度财务报表时，评估其持续经营能力应当涵盖的最短期间是（　　）。

A. 2020年1月1日至2020年12月31日止期间

B. 2020年4月10日至2021年10月10日止期间

C. 2019年12月31日至2020年12月31日止期间

D. 2019年12月31日至2021年1月1日止期间

17. 如果注册会计师在期中执行了控制测试，并获取了控制在期中运行有效性的审计证据，下列说法中，正确的是（　　）。

A. 如果在期末实施实质性程序未发现某项认定存在错报，说明与该项认定相关的控制是有效的，不需要再对相关控制进行测试

B. 如果某一控制在剩余期间内发生变动，在评价整个期间的控制运行有效性时，无需

考虑期中测试的结果

C. 对某些自动化运行的控制，可以通过测试信息系统一般控制的有效性获取控制在剩余期间运行有效的审计证据

D. 如果某一控制在剩余期间内未发生变动，不需要补充剩余期间控制运行有效性的审计证据

18. 下列有关超出被审计单位正常经营过程的重大关联方交易的说法中，错误的是（　　）。

A. 此类交易导致的风险可能不是特别风险

B. 注册会计师应当检查与此类交易相关的合同或协议，以评价交易的商业理由

C. 此类交易经过恰当授权和批准，不足以就其不存在由于舞弊或错误导致的重大错报风险得出结论

D. 注册会计师应当评价此类交易是否已按照适用的财务报告编制基础得到恰当会计处理和披露

19. 下列有关后任注册会计师接受委托前沟通的说法中，错误的是（　　）。

A. 后任注册会计师与前任注册会计师沟通的目的是为了确定是否接受委托

B. 后任注册会计师向前任注册会计师沟通的目的是为了取得前任注册会计师全部审计工作底稿，了解被审计单位上期所有的重大错报

C. 如果后任注册会计师未与前任注册会计师进行必要沟通，则应视为后任注册会计师没有实施必要的审计程序

D. 如果获知被审计单位与前任注册会计师在会计、审计问题上存在重大意见分歧，后任注册会计师应慎重考虑是否接受委托

20. 下列因素中，注册会计师在确定实际执行的重要性时无需考虑的是（　　）。

A. 是否为首次接受委托的审计项目

B. 是否存在财务报表使用者特别关注的项目

C. 是否存在值得关注的内部控制缺陷

D. 前期审计中识别出的错报的数量和性质

21. 被审计单位某开户银行的银行对账单余额为 1 585 000 元，在检查该账户银行存款余额调节表时，注册会计师注意到以下事项：在途存款 100 000 元；未提现支票 50 000 元；未入账的银行存款利息收入 35 000 元；未入账的银行代扣水电费 25 000 元。假定不考虑其他因素，注册会计师审计后确认的该银行存款账户余额应是（　　）元。

A. 1 635 000　　B. 1 535 000

C. 1 595 000　　D. 1 575 000

22. 假设 ABC 会计师事务所于 2019 年 8 月 1 日首次接受委托，承接甲上市公司 2019 年度财务报表审计业务，在 2019 年审计业务约定书中双方达成一致条款，约定审计报告出具时间是 2020 年 3 月 5 日。假设 ABC 会计师事务所于 2020 年 3 月 5 日签发了审计报告，则对业务期间的理解正确的是（　　）。

A. 2019 年 8 月 1 日至 2020 年 8 月 1 日

B. 2019 年 8 月 1 日至 2020 年 12 月 31 日

C. 2019 年 8 月 1 日至 2020 年 3 月 5 日

D. 2019 年 1 月 1 日至 2020 年 12 月 31 日

23. 实施财务报表审计时，注册会计师最适宜在下列（　　）方面利用内部审计的工作。

A. 了解内部控制　　B. 确定重要性水平

C. 评价会计估计　　D. 发表审计意见

24. 注册会计师应当向管理层和治理层获取书面声明，以确定其是否认为在作出会计估计时使用的重大假设是合理的，下列包含在书面声明中的是（　　）。

A. 计量流程的恰当性以及流程的一贯运用

B. 不存在需要对财务报表中会计估计和披露作出调整的期后事项

C. 假设恰当地反映了管理层代表被审计单位执行特定措施的意图和能力

D. 针对未在财务报表中以公允价值计量或披露的会计估计，管理层用于推断适用的财务报告编制基础规定的与使用公允价值相关的假定的依据的恰当性

25. 如果注册会计师识别出可能导致对被审计单位持续经营能力产生重大疑虑的事项或情况，下列说法中错误的是（　　）。

A. 注册会计师应当通过实施追加的审计程序，以确定这些事项或情况是否存在重大不确定性

B. 注册会计师应当考虑自管理层对持续经营能力作出评估后是否存在其他可获得的事实或信息

C. 注册会计师应当评价管理层与持续经营能力评估相关的未来应对计划对具体情况是否可行

D. 注册会计师应当根据对这些事项或情况是否存在重大不确定性的评估结果，确定是否与治理层沟通

**二、多项选择题**（本题型共 10 小题，每小题 2 分，共 20 分。每小题均有多个正确答案，请从每小题的备选答案中选出你认为正确的答案，用鼠标点击相应的选项。每小题所有答案选择正确的得分；不答、错答、漏答均不得分。）

1. 关于财务报表审计和财务报表审阅，以下理解中，不恰当的有（　　）。

A. 在财务报表审阅业务中，注册会计师可以以积极方式提出结论，也可以以消极方式提出结论

B. 由于财务报表审计是高保证的鉴证业务，因此注册会计师无须实施足够的审计程序，也能够将财务报表审计风险降至在具体业务环境下的可接受的低水平

C. 由于财务报表审阅是一种有限保证的鉴证业务，因此无法增强预期使用者对财务报表的信任

D. 财务报表审计时，注册会计师为了将检查风险降至具体业务环境下可接受的低水平，因此审计风险应当满足检查风险低水平的要求

2. 下列有关采用总体审计方案的说法中，错误的有（　　）。

A. 注册会计师可以针对不同认定采用不同的审计方案

B. 注册会计师可以采用综合性方案或实质性方案应对重大错报风险

C. 注册会计师应当采用实质性方案应对特别风险

D. 注册会计师应当采用与前期审计一致的审计方案，除非评估的重大错报风险发生重大变化

3. 在确定内部审计人员的工作是否可能足以实现审计目的时，注册会计师通常应当考虑的因素包括（　　）。

A. 出具报告的时间要求

B. 内部审计人员的专业胜任能力

C. 内部审计组织的地位及客观性

D. 内部审计人员的薪酬

4. 在对舞弊风险进行评估后，注册会计师认为被审计单位管理层凌驾于内部控制之上的风险很高。对此，注册会计师通常实施的审计程序是（　　）。

A. 测试会计核算过程中作出的会计分录以及为编制财务报表作出的调整分录是否适当

B. 复核会计估计是否合理

C. 对于注意到的、超出正常经营过程或基于对被审计单位及其环境的了解显得异常的重大交易，了解其商业理由的合理性

D. 在分派和督导项目组成员时，考虑承担重要业务职责的项目组成员所具备的知识、技能和能力，并考虑由于舞弊导致的重大错报风险的评估结果

5. 下列情形中，通常表明可能存在财务报表层次重大错报风险的有（　　）。

A. 被审计单位财务人员不熟悉会计准则

B. 被审计单位频繁更换财务负责人

C. 被审计单位内部控制环境薄弱

D. 被审计单位投资了多家联营企业

6. 如果在期中实施了控制测试，在针对剩余期间获取补充审计证据时，注册会计师通常考虑的因素有（　　）。

A. 控制环境

B. 评估的重大错报风险水平

C. 在期中对有关控制有效性获取的审计证据的程度

D. 拟减少实质性程序的范围

7. 下列关于函证的说法中，错误的是（　　）。

A. 如果银行存款余额较小，那么注册会计师可以不对该账户余额函证

B. 注册会计师通常在资产负债表日函证资产负债表日的应收账款

C. 当被询证者通过电子邮件回函时，注册会计师可以通过电话联系被询证者，确定被询证者是否发送了回函及金额是否正确。必要时，注册会计师可以要求被询证者提供回函原件

D. 对于不存在大量错误的，注册会计师可以考虑采用消极的函证方式

8. 下列有关存货监盘的说法中，正确的有（　　）。

A. 注册会计师在制定监盘计划时，需要考虑是否在监盘中利用专家的工作

B. 如果存货盘点在财务报表日以外的其他日期进行，注册会计师除实施监盘相关审计程序外，还应当实施其他程序，以确定盘点日与财务报表日之间的存货变动已得到恰当记录

C. 如果存货存放在不同地点，注册会计师的监盘应当覆盖所有存放地点

D. 如果由于不可预见的情况，无法在存货盘点现场实施监盘，注册会计师应当实施替代审计程序

9. 如果由第三方保管或控制的存货对财务报表是重要的，注册会计师应当实施下列一项或两项审计程序，以获取有关该存货存在和状况的充分、适当的审计证据（　　）。

A. 向持有被审计单位存货的第三方函证存货的数量和状况

B. 实施检查或其他适合具体情况的审计程序

C. 实施替代审计程序

D. 另择日期实施监盘

10. 下列各项中，注册会计师在利用外部专家工作时应当与专家达成一致意见的有（　　）。

A. 注册会计师和专家各自的责任

B. 注册会计师和专家之间沟通的时间安排

C. 注册会计师对专家遵守事务所质量控制政策和程序的要求

D. 专家工作的性质、范围和目标

**三、简答题**（本题型共 6 小题 36 分。其中一道小题可以选用中文或英文解答，请仔细阅读答题要求。如使用英文解答，须全部使用英文，答题正确的，增加 5 分。本题型最高得分为 41 分。）

1. DQ 会计师事务所承接了华兴集团 2019 年度集团财务报表审计工作，H 注册会计师为集团项目合伙人，在审计过程中发现以下事项：

（1）针对不重要的组成部分，集团项目组仅实施了集团层面的分析程序。由于未能获取充分、适当的审计证据形成集团审计意见的基础，集团项目组拟对 H 集团财务报表发表非无保留意见；

（2）为了提高审计程序的不可预见性，对于审计过程中发现的组成部分的舞弊，H 注册会计师没有和集团管理层和治理层沟通；

（3）甲公司为重要组成部分，H 注册会计师发现该组成部分注册会计师未发现甲公司财务报表某项重大会计调整事项存在问题，H 注册会计师与甲公司治理层沟通了该事项；

（4）乙公司为重要组成部分，H 注册会计师在了解组成部分注册会计师时，发现乙公司组成部分的注册会计师缺乏乙公司该行业专门知识，H 注册会计师决定通过集团项目组参与该组成部分注册会计师的工作，来消除这一不利影响；

（5）丙公司存在特别风险，H 注册会计师决定集团项目组参与丙公司组成部分注册会计师实施的风险评估程序。

要求：针对第（1）至（5）项，指出 H 注册会计师或集团项目组的做法是否合理。如果不合理，请简要说明理由。

2. ABC 会计师事务所 2020 年 2 月 1 日承接了甲公司 2019 年度财务报表审计业务，于 2020 年 3 月 1 日完成了审计工作，2020 年 3 月 3 日完成审计报告并签字。A 注册会计师是

项目合伙人。审计项目组编制、复核、利用、归档审计工作底稿的相关情况如下：

（1）A 注册会计师要求项目组成员编制的工作底稿，应当使未曾接触该项审计工作的有经验的专业人士清楚地了解按照审计准则和相关法律法规的规定实施的审计程序的性质、时间安排和范围、实施审计程序的结果和获取的审计证据。

（2）B 注册会计师在查阅以前年度审计工作底稿时，发现并直接更正了自己编制的一张对管理费用实施分析性程序的、存在的明显笔误的工作底稿。

（3）C 注册会计师多次根据获取的信息修改了运用职业判断对同一事项所形成的结论，规整工作底稿前，其仅向项目组提交了最终的工作底稿。

（4）D 注册会计师在复核该工作底稿时发现，在审计报告日前几日收到的一张银行存款函证回函原件并没有归档作为工作底稿，只是将同笔回函传真件放到了工作底稿中，D 注册会计师直接将该原件替代传真件整理到工作底稿，并将传真件直接销毁。

（5）考虑到会计师事务所的工作安排，A 注册会计师要求项目组成员在 2020 年 5 月 20 日前完成工作底稿的归档工作。

要求：分别针对上述每种情况，假定不存在其他情况，指出项目合伙人及项目成员的做法是否存在不当之处，并简要说明理由。

3. ABC 会计师事务所的 A 注册会计师负责审计多家被审计单位 2019 年度财务报表。与存货审计相关的部分事项如下：

（1）甲公司为制造型企业，采用信息系统进行成本核算。A 注册会计师对信息系统一般控制和相关的自动化应用控制进行测试后结果满意，不再对成本核算实施实质性程序。

（2）因乙公司存货不存在特别风险，且以前年度与存货相关的控制运行有效，A 注册会计师因此减少了本年度存货细节测试的样本量。

（3）丙公司采用连续编号的盘点标签记录盘点结果，并逐项录入盘点结果汇总表。A 注册会计师将抽盘样本的数量与盘点标签记录的数量进行了核对，未发现差异，据此认可了盘点结果汇总表记录的存货数量。

（4）丁公司从事进口贸易，年末存货均于 2019 年 12 月购入，金额重大。A 注册会计师通过获取并检查采购合同、发票、进口报关单、验收入库单等支持性文件，认为获取了有关存货存在和状况的充分、适当的审计证据。

（5）戊公司的存货存放在多个地点。A 注册会计师取得了存货存放地点清单并检查了其完整性，根据各个地点存货余额的重要性及重大错报风险的评估结果，选取其中几个地点实施了监盘。

（6）A 注册会计师在己公司盘点结束后、存货未开始流动前抵达盘点现场，对存货进行检查并实施了抽盘，与己公司盘点数量核对无误，据此认可了盘点结果。

要求：针对上述第（1）至（6）项，逐项指出 A 注册会计师的做法是否恰当。如不恰当，简要说明理由。

4. ABC 会计师事务所审计过程中与质量控制相关的内容如下：

（1）ABC 注册会计师事务所规定，接受或保持客户关系和具体业务的前提条件是：会计师事务所能够胜任该项业务，具有执行该项业务必要的素质、时间和资源；已考虑客户诚信，没有信息表明客户缺乏诚信。

（2）在执行甲公司审计业务过程中，如果发现甲公司存在不诚信的情况应当谨慎处理甲公司财务数据。

（3）在达成口头一致意见后，会计师事务所可以不与客户就相关问题形成书面业务约定书。

（4）即使与客户存在潜在利益冲突，会计师事务所也应当为占据市场份额承接该审计业务。

（5）经过主任会计师的亲自委派，副主任会计师可以分管会计师事务所的质量控制工作，但是不承担最终责任。

要求：针对上述第（1）至（5）项，逐项指出 ABC 会计师事务所的质量控制制度的内容是否恰当。如不恰当，简要说明理由。

5. ABC 会计师事务所负责审计甲集团公司 2019 年度财务报表。集团项目组在审计工作底稿中记录了集团审计策略，部分内容摘录如下：

| 序号 | 集团公司/组成部分 | 是否为重要组成部分（是/否） | 集团审计策略 |
|---|---|---|---|
| （1） | 甲集团公司 | 不适用 | 初步预期集团层面控制运行有效，并拟实施控制测试。 |
| （2） | 乙公司（子公司） | 否 | 拟使用集团财务报表整体的重要性对乙公司财务信息实施审阅。 |
| （3） | 丙公司（联营公司） | 否 | 拟实施集团层面的分析程序，不利用丙公司注册会计师的工作，因此不对其进行了解。 |
| （4） | 丁公司（子公司） | 是 | 经初步了解，负责丁公司审计的组成部分注册会计师不符合与集团审计相关的独立性要求。拟通过参与该注册会计师对丁公司实施的审计工作，消除其不具有独立性的影响。 |
| （5） | 戊公司（子公司） | 是 | 拟要求组成部分注册会计师实施审计，并提交其出具的戊公司审计报告。对戊公司自 2020 年 3 月 10 日（戊公司财务报表审计报告日）至 2020 年 3 月 31 日（甲集团公司财务报表审计报告日）之间发生的、可能需要在甲集团公司财务报表中调整或披露的期后事项，拟要求组成部分注册会计师实施审阅予以识别。 |
| （6） | 庚公司（子公司） | 是 | 庚公司从事大量衍生工具交易，可能存在导致集团财务报表发生重大错报的特别风险。拟要求组成部分注册会计师针对上述特别风险实施特定的审计程序。 |

要求：逐项指出上表所属的集团审计策略是否恰当。如不恰当，简单说明理由。

6. 现场负责人 A 复核部分审计项目组成员的工作底稿时，注意到如下事项：

（1）审计项目组成员 B 在对银行存款进行函证时，将填好的询证函直接寄给南方股份财务部。对于同城银行，由财务部人员将询证函拿到相关银行确认盖章；对于外埠银行，由财务部人员统一邮寄发出询证函。

（2）审计项目组成员 C 在实施存货监盘时，对于以标准规格包装箱包装的存货，根据包装箱的数量及包装箱所标示的每箱标准容量直接计算确定存货的数量。

（3）南方股份的物流部门在将产成品发运至客户后，会计信息系统将自动生成发运凭证。审计项目组成员 D 在实施销售收入截止测试时，将销售收入的入账日期与产成品的发运凭证日期进行了核对，未发现异常。

（4）审计项目组成员 E 在对被审计单位采用完工百分比法确认与提供劳务或建造合同相关的收入时，检查了相关合同，未发现异常。

（5）审计项目组成员 E 发现被审计单位采用经销商的销售模式，通过检查被审计单位与经销商之间的协议，未发现异常。

（6）审计项目组成员 B 发现被审计单位采用代理商的销售模式，检查了被审计单位与代理商之间的协议或合同，确定是否确实存在委托与代理关系，未发现异常。

要求：根据上述资料，指出现场负责人 A 在复核项目组成员的工作底稿时，应该提出哪些质疑和改进建议？

**四、综合题**（本题型 1 题，本题型共 20 分。答案中的金额用人民币元表示，有小数点的保留两位小数，小数点两位后四舍五入。当答题区上有多个标签页时，请务必逐一点击标签查看并回答所有问题，以免漏答。作答时考生应直接将答案录入指定的答题区域中。在草稿纸上书写的所有答案无效。）

兴达公司是 ABC 会计师事务所的审计客户。A 注册会计师负责审计兴达公司 2019 年度财务报表，确定财务报表整体的重要性为 160 万元。

资料一：

A 注册会计师在审计工作底稿中记录了所了解的兴达公司情况及其环境，部分内容摘录如下：

（1）2020 年初，兴达公司所属行业产能严重过剩，对原材料的需要急剧下降，国内外市场相关原材料的价格降至 10 年来最低。

（2）为应对市场萎缩，实现年初确定的销售目标，兴达公司于 2019 年 10 月份降低了赊销门槛，放宽对部分客户的信用标准，发展了一批中、小企业客户。

（3）兴达公司 2019 年度从银行取得 1 000 万元 1 年期借款，用于开发无形资产，预期 2020 年 10 月份可能开始小规模生产，至 2019 年底处于研究阶段。

（4）2019 年，兴达公司主要产品的市场需求有所下降，产品销售单价下降，而生产所需的人工成本比 2018 年度显著上升。

（5）兴达公司董事会于 2019 年末通过决议，拟按照环保部门治理雾霾的强制性要求于 2020 年初提前淘汰高污染生产设备。

资料二：

A 注册会计师在审计工作底稿中记录了有关的财务数据，部分内容摘录如下：

金额单位：万元

| 项目 | 2019 年度 | 2018 年度 |
|---|---|---|
| 营业收入 | 41 230 | 39 520 |
| 营业成本 | 35 050 | 34 780 |
| 管理费用 | 1 960 | 950 |
| 财务费用 | 530 | 640 |

续表

| 项目 | 2019 年 12 月 31 日 | | 2018 年 12 月 31 日 | |
|---|---|---|---|---|
| 应收账款 | | | | |
| 应收账款账面余额 | 4 000 | | 3 700 | |
| 减：坏账准备 | 160 | | 185 | |
| 应收账款账面价值 | 3 840 | | 3 515 | |
| 存货 | 产成品 | 原材料 | 产成品 | 原材料 |
| 存货账面余额 | 6 010 | 4 905 | 5 400 | 5 600 |
| 减：存货跌价准备 | 215 | 1 015 | 54 | 0 |
| 存货账面价值 | 5 795 | 3 890 | 5 346 | 5 600 |
| 固定资产 | | | | |
| 固定资产账面余额 | 9 600 | | 8 570 | |
| 减：累计折旧 | 6 890 | | 5 905 | |
| 减：固定资产减值准备 | 0 | | 0 | |
| 固定资产账面价值 | 2 710 | | 2 665 | |

资料三：

A 注册会计师在审计工作底稿中记录了审计计划，部分内容摘录如下：

（1）由于兴达公司 2019 年度存货价格变动频繁，A 注册会计师拟将部分类型存货重大错报风险的评估交由熟悉情况的内部审计人员负责。

（2）对于重要的业务流程，即使不拟信赖内部控制，也要对该流程执行适当的审计测试，涵盖交易从发生到记账的整个过程。

（3）根据兴达公司关于 2020 年 4 月份更换管理层的通知，A 注册会计师对审计计划进行了相应修改，将原定的获取书面声明的时间由审计报告日推迟到管理层换届之日。

资料四：

A 注册会计师在审计工作底稿中记录了实施的控制测试，部分内容摘录如下：

| 序号 | 控制 | 控制测试 |
|---|---|---|
| （1） | 由不负责现金出纳和销售及应收账款记账的人员按月向顾客寄发对账单。 | 向相关人员询问是否按月计发顾客对账单。 |
| （2） | 应付账款记账员将采购发票所载信息与验收单、订购单进行核对，核对相符后在采购发票上加盖“相符”印戳。 | 采用统计抽样方法实施控制测试。由于样本偏差率是总体偏差率的最佳估计，且样本偏差率低于可容忍偏差率，认为该项控制执行有效。 |
| （3） | 收到供应商提交的商品实物后，验收人员将所购商品与订购单进行比对，并填写连续编号的验收单。 | 从采购发票中选取样本，追查到验收单，并检查采购发票与验收单是否一致。 |

资料五：

A 注册会计师在审计工作底稿中记录了实施的实质性程序，部分内容摘录如下：

（1）为测试收入确认，A 注册会计师从收入明细表中选取交易，将账簿记录与销售合同、销售单以及销售发票进行核对。由于没有发现差异，A 注册会计师认为没有必要实施其他实质性程序。

（2）针对兴达公司适用车厢存储、运输某种存货这一特殊情况，项目组成员在监盘过程中先后两次清点了存货场地上车厢的数量，记录在审计工作底稿中，并与管理层提供的存货盘点记录进行核对，以确定兴达公司期末存货记录是否准确地反映了该种存货的实际盘点结果。

（3）A 注册会计师根据对管理层凌驾于内部控制之上的风险评估结果，确定测试会计分录的范围：对于评估结果为高风险的领域，测试整个会计期间的会计分录和其他调整；对于评估为风险较低的领域，选择兴达公司在报告期末作出的会计分录和其他调整进行测试。

资料六：

A 注册会计师在审计过程中识别并累积了 3 笔错报，并认为这些错报均不重大，同意管理层不予调整。兴达公司 2019 年度未更正错报列示如下（不考虑税务影响）：

金额单位：万元

| 序号 | 错报说明 | 借方科目 | 贷方科目 | 金额 |
|---|---|---|---|---|
| （1） | 将总经理在高档会所的消费计入管理费用 | 其他应收款 | 管理费用 | 5 |
| （2） | 少提 12 月份生产设备折旧 | 营业成本 | 固定资产 | 120 |
| | | 存货 | 固定资产 | 115 |
| （3） | 将 2019 年度财务费用计入 2020 年度 | 财务费用 | 货币资金 | 60 |

要求：

1. 针对资料一第（1）至（5）项，结合资料二，假定不考虑其他条件，逐项指出材料一所列事项是否可能表明存在重大错报风险。如果认为可能表明存在重大错报风险，简要说明理由，并说明该风险主要与哪些财务报表项目（仅限于营业收入、营业成本、应收账款、存货、资产减值损失、管理费用、财务费用、固定资产）的哪些认定相关（不考虑税务影响）。

2. 针对资料三第（1）至（3）项，假定不考虑其他条件，逐项指出资料三所列审计计划是否恰当。如不恰当，简要说明理由。

3. 针对资料四第（1）至（3）项，假定不考虑其他条件，逐项指出资料四所列控制测试是否恰当。如不恰当，提出改进建议。

4. 针对资料五第（1）至（3）项，假定不考虑其他条件，逐项指出资料五所列实质性程序是否恰当。如不恰当，简要说明理由。

5. 针对资料六，运用重要性水平，假定不考虑其他条件，指出 A 注册会计师的判断存在哪些不当之处，并简要说明理由。

# 2020 年注册会计师全国统一考试
# 《审计》全真模拟试题（五）参考答案及解析

## 一、单项选择题

1. 答案：B

解析：审计业务约定书的具体内容和格式可能因被审计单位的不同而不同，但应当包括以下主要内容：（1）财务报表审计的目标与范围；（2）注册会计师的责任；（3）管理层的责任；（4）指出用于编制财务报表所适用的财务报告编制基础；（5）提及注册会计师拟出具的审计报告的预期形式和内容，以及对在特定情况下出具的审计报告可能不同于预期形式和内容的说明。

2. 答案：D

解析：选项 A 不正确，注册会计师是否承担法律责任，主要取决于注册会计师是否遵守审计准则；选项 B 不正确，控制风险与被审计单位有关，而注册会计师一般无法降低控制风险；选项 C 不正确，财务报表审计不减轻管理层的责任；选项 D 正确，注册会计师基于自身的预期、判断和个人经验对鉴证对象进行的评价和计量，不构成适当的标准。

3. 答案：C

解析：信息技术对控制的影响取决于企业对信息系统的依赖程度，其依赖程度越高，信息技术对内部控制的影响越大。

4. 答案：A

解析：选项 B 可以证明固定资产的“存在”认定；选项 C 可以证明固定资产的“权利和义务”认定；选项 D 可以证明固定资产的“完整性”认定。

5. 答案：D

解析：执行财务报表审计工作时，注册会计师的总体目标：对财务报表整体是否不存在由于舞弊或错误导致的重大错报获取合理保证，使得注册会计师能够对财务报表是否在所有重大方面按照适用的财务报告编制基础编制发表审计意见；按照审计准则的规定，根据审计结果对财务报表出具审计报告，并与管理层和治理层沟通。

6. 答案：B

解析：会计师事务所的业绩评价机制会促进或削弱注册会计师对职业怀疑的保持程度，这取决于这些机制如何设计和执行。参考《审计准则问题解答第 1 号——职业怀疑》。

7. 答案：C

解析：认定层次的重大错报风险又可以进一步细分为固有风险和控制风险，选项 C 错误。

8. 答案：A

解析：判断错报是指由于管理层对会计估计作出不合理的判断或不恰当地选择和运用会计政策而导致的差异。

9. 答案：C

解析：当专家是项目组的成员时，专家的工作底稿是审计工作底稿的一部分。除非协议另作安排，外部专家的工作底稿属于外部专家，不是审计工作底稿的一部分。

10. 答案：C

解析：参见《中国注册会计师审计准则》1141 号第 47 条。

11. 答案：A

解析：在针对评估的由于舞弊导致的财务报表层次重大错报风险确定总体应对措施时，注册会计师应当：(1) 在分派和督导项目组成员时，考虑承担重要业务职责的项目组成员所具备的知识、技能和能力，并考虑由于舞弊导致的重大错报风险的评估结果；(2) 评价被审计单位对会计政策的选择和运用，是否可能表明管理层通过操纵利润对财务信息做出虚假报告；(3) 在选择审计程序的性质、时间安排和范围时，增加审计程序的不可预见性。

12. 答案：C

解析：选项 C 不恰当。如果有充分证据表明某一银行存款、借款及与金融机构往来的其他重要信息对财务报表不重要且与之相关的重大错报风险很低，注册会计师可以不函证。

13. 答案：C

解析：第二时段期后事项是指审计报告日至财务报表报出日之间注册会计师知悉的事实。基于上述定义，可以确定选 C。

14. 答案：B

解析：预防性控制通常用于正常业务流程的每一项交易，以防止错报的发生。

15. 答案：A

解析：控制测试目标是测试控制的运行有效性，难以应对由于舞弊导致的存货数量存在的重大错报风险。

16. 答案：A

解析：注册会计师对被审计单位 2019 年度财务报表进行审计，要求管理层对持续经营能力的合理评估期间应是自财务报表日起的下一个会计期间（至少 12 个月），即 2020 年 1 月 1 日至 2020 年 12 月 31 日止的期间。

17. 答案：C

解析：如果在期末实施实质性程序未发现某项认定存在错报，并不能说明控制是有效的，选项 A 错误；如果某一控制在剩余期间内发生变动，注册会计师需要了解并测试控制变化对期中审计证据的影响，选项 B 错误；控制在剩余期间未发生变动，但注册会计师测试的是整个期间的控制，所以要针对剩余期间获取补充的审计证据，选项 D 错误。

18. 答案：A

解析：选项 A 错误，注册会计师应当将识别出的、超出被审计单位正常经营过程的重大关联方交易导致的风险确定为特别风险。

19. 答案：B

解析：后任注册会计师向前任注册会计师沟通的目的是为了确定是否接受委托，而不是为了取得前任注册会计师全部审计工作底稿，了解被审计单位上期所有的重大错报。

20. 答案：B

解析：通常而言，实际执行的重要性通常为财务报表整体重要性的50%～75%。如果存在下列情况，注册会计师可能考虑选择较低的百分比来确定实际执行的重要性：（1）首次接受委托的审计项目；（2）连续审计项目，以前年度审计调整较多；（3）项目总体风险较高，例如处于高风险行业、管理层能力欠缺、面临较大市场竞争压力或业绩压力等；（4）存在或预期存在值得关注的内部控制缺陷。

21. 答案：A

解析：选项A恰当。注册会计师审计后确认的该银行存款账户为1 585 000＋100 000－50 000＝1 635 000（元）。

22. 答案：C

解析：选项C恰当。根据业务期间的定义，ABC会计师事务所承接甲公司财务报表审计业务时间的起点是2019年8月1日，终点是审计报告日2020年3月5日。

23. 答案：A

解析：通常，审计过程中涉及的职业判断均应当由注册会计师负责执行。选项A是对客观情况的了解，选项BCD均含有大量的职业判断。

24. 答案：C

解析：选项C，对公开市场的公允价值会计估计选择不存在管理层偏向迹象。

25. 答案：D

解析：注册会计师应当与治理层就识别出的可能导致对被审计单位持续经营能力产生重大疑虑的事项或情况进行沟通，除非治理层全部成员参与管理被审计单位。与治理层的沟通应当包括下列方面：（1）这些事项或情况是否构成重大不确定性；（2）管理层在编制财务报表时运用持续经营假设是否适当；（3）财务报表中的相关披露是否充分；（4）对审计报告的影响（如适用）。

## 二、多项选择题

1. 答案：ABCD

解析：选项A不恰当，财务报表审阅业务应当以消极方式提出结论。选项B不恰当，财务报表审计时，注册会计师应当通过一个不断修正的、系统化的执业过程，运用各种审计程序，获取充分、适当的证据，才能将审计风险降至在具体业务环境下的可接受的低水平。选项C不恰当，审阅业务风险应降至具体业务环境下可接受的水平，该保证水平也应当是一种有意义的保证水平，即能够在一定程度上增强预期使用者对财务报表的信任。选项D不恰当，注册会计师为了将审计风险降至具体业务环境下可接受的低水平，因此检查风险应当满足审计风险低水平的要求，检查风险应当足够低，而不是审计风险满足检查风险低水平的要求。

2. 答案：CD

解析：选项 C 错误，注册会计师通过实施风险评估程序可能发现只有实施控制测试才可以有效应对评估的特定认定重大错报风险。选项 D 错误，注册会计师应当通过实施风险评估程序了解（本期）被审计单位及其环境，评估财务报表重大错报风险，针对不同认定采用不同的审计方案。

3. 答案：BC

解析：在确定内部审计人员的工作是否可能足以实现审计目的时，注册会计师通常应当考虑：审计的客观性（组织的地位）；内部审计人员的专业胜任能力；内部审计人员在执行工作时是否可能保持应有的职业关注；内部审计人员和注册会计师之间是否可能进行有效的沟通。

4. 答案：ABC

解析：选项 D 属于应对舞弊的总体应对措施。

5. 答案：ABCD

解析：以上选项均表明可能存在财务报表层次重大错报风险。财务报表层次重大错报风险与财务报表整体存在广泛联系，可能影响多项认定。

6. 答案：ABCD

解析：四个选项均正确，针对期中证据以外的、剩余期间的补充证据。在执行该项规定时，注册会计师应当考虑下列因素：（1）评估的认定层次重大错报风险的重要程度；（2）在期中测试的特定控制；（3）在期中对有关控制运行有效性获取的审计证据的程度；（4）剩余期间的长度；（5）在信赖控制的基础上拟缩小实质性程序的范围；（6）控制环境。

7. 答案：ABD

解析：注册会计师应当对银行存款（包括零余额账户和在本期内注销的账户），借款及与金融机构往来的其他重要信息实施函证程序，除非有充分证据表明某一银行存款、借款及与金融机构往来的其他重要信息对财务报表不重要且与之相关的重大错报风险很低，选项 A 错误，只满足一个条件。注册会计师通常在资产负债日后某一天函证资产负债表日的应收账款余款，选项 B 错误。当同时存在下列情况时，注册会计师可考虑采用消极的函证方式：（1）重大错报风险评估为低水平；（2）涉及大量余额较小的账户；（3）预期不存在大量的错误；（4）没有理由相信被询证者不认真对待函证。选项 D 只满足一个条件，所以选项 D 错误。

8. 答案：AB

解析：选项 C，注册会计师通常应当重点考虑被审计单位的重要存货存放地点，特别是金额较大或可能存在重大错报风险的存货地点，将这些存货地点列入监盘地点；选项 D，如果由于不可预见的情况无法在存货盘点现场实施监盘，注册会计师应当另择日期实施监盘，并对间隔期内发生的交易实施审计程序。

9. 答案：AB

解析：《中国注册会计师审计准则》第 1211 号：第 8 条。

10. 答案：ABD

解析：外部专家不是项目组成员，不受会计师事务所的质量控制政策和程序的约束。

## 三、简答题

1. 答案：

（1）不合理。如果集团项目组认为对重要组成部分财务信息执行的工作、对集团层面控制和合并过程执行的工作以及在集团层面实施的分析程序还不能获取形成集团审计意见所依据的充分、适当的审计证据，集团项目组应当选择某些不重要的组成部分，并对已选择的组成部分财务信息亲自执行或由代表集团项目组的组成部分注册会计师实施程序。

（2）不合理。对于舞弊，集团项目组应当及时向适当层级的集团管理层通报，以便管理层告知主要负责防止和发现舞弊事项的人员。同时，也要与集团治理层沟通舞弊事项。

（3）不合理。集团项目组应当要求集团管理层告知组成部分管理层其尚未知悉的，集团项目组注意到的可能对组成部分财务报表产生重要影响的事项。

（4）合理。

（5）合理。

2. 答案：

（1）不恰当。还应使未曾接触该项审计工作的有经验的专业人士清楚地了解审计中遇到的重大事项和得出的结论，以及在得出结论时作出的重大职业判断。

（2）不恰当。B注册会计师未经授权修改工作底稿，违反了工作底稿保管的规定。

（3）不恰当。对于记录形成职业判断的工作底稿，应当保留修改前、后的工作底稿。

（4）不恰当。“将该原件替代传真件整理到工作底稿，并将传真件销毁”有误，在审计工作底稿归档后的变动，需要以增加或者添加的方式进行修改，而不能将原件删除或者销毁。

（5）不恰当。审计工作底稿的归档期限为审计报告日后60天内，故应在2020年5月3日前将审计工作底稿归档。

3. 答案：

（1）不恰当。制造业的成本核算涉及重大类别交易或账户余额，应当实施实质性程序。

（2）不恰当。以前年度与存货相关的控制运行有效不构成减少本年度细节测试样本规模的充分理由/注册会计师还应当了解相关控制在本期是否发生变化。

（3）不恰当。A注册会计师应当对盘点结果汇总表进行复核/应当将抽盘数量与盘点结果汇总表核对/应当将盘点标签数量与盘点结果汇总表核对。

（4）不恰当。存货对财务报表是重要的，注册会计师应当实施监盘。

（5）恰当。

（6）不恰当。注册会计师没有/应当观察已公司管理层制定的盘点程序的执行情况。

4. 答案：

（1）不恰当。会计师事务所接受或保持客户关系和具体业务的前提条件还包括能够遵守相关职业道德要求。

（2）不恰当。在发现客户存在不诚信问题时，注册会计师应当尝试解除业务约定，如果无法解除业务约定应当能够考虑对财务报告的影响。

（3）不恰当。如果决定接受或保持客户关系和具体业务，会计师事务所应与客户就相关问题达成一致理解，并形成书面业务约定书。

（4）不恰当。如果识别出潜在的利益冲突，应当考虑接受该业务是否适当。

（5）恰当。

5. 答案：

| 集团审计策略序号 | 是否恰当（是/否） | 理由 |
|---|---|---|
| （1） | 是 | |
| （2） | 否 | 应当使用组成部分乙公司的重要性对乙公司财务信息实施审阅。 |
| （3） | 是 | |
| （4） | 否 | 组成部分注册会计师不符合集团审计独立性要求，集团项目组应就该组成部分财务信息亲自获取充分、适当的审计证据。 |
| （5） | 否 | 应要求戊公司组成部分注册会计师实施审计程序。 |
| （6） | 是 | |

6. 答案：

（1）函证方式不正确。项目组成员在实施函证时，没有对函证实施过程进行严格的控制。对于同城银行，应由审计项目组成员自行直接发函或去银行亲自盖章确认，对于外埠银行，应该由审计项目组成员自行邮寄发出询证函。

（2）对于以标准规格包装箱包装的存货，根据包装箱的数量及包装箱所标示的每箱标准容量直接计算确定存货数量的方式不当，应当在必要时对所抽样样本进行拆包点验。

（3）根据发运凭证的日期进行销售测试不正确，应当根据客户确认使用零部件的信息进行销售截止测试。

（4）如果被审计单位采用完工百分比法确认与提供劳务或建造合同相关的收入，注册会计师需要检查相关合同或其他文件，以发现确认完工百分比的方法是否合理，与从被审计单位内部获取的资料中相关信息是否一致，以及完成的工作能否取得被审计单位客户的确认，能否得到监理报告、被审计单位与客户的结算单据等外部证据的验证，必要时可以利用专家的工作。

（5）如果被审计单位采用经销商的销售模式，注册会计师需要关注主要的经销商与被审计单位之间是否存在关联方关系，并通过检查被审计单位与经销商之间的协议或销售合同，出库单、货运单、商品验收单等相关支持性凭证，以确定是否满足收入确认的条件。此外，注册会计师还可以关注经销商布局的合理性、被审计单位频繁发生经销商加入和退出的情况以及被审计单位对不稳定经销商的收入确认是否适当、退换货损失的处理是否适当等。

（6）如果被审计单位采用代理商的销售模式，注册会计师需要检查被审计单位与代理商之间的协议或合同，确定是否确实存在委托与代理关系，并检查被审计单位收入确认是否有代理商的销售清单、货物最终销售的证明等支持性凭据。

解析：参见《中国注册会计师审计准则问题解答第 2 号——函证》。

## 四、综合题

答案：

1.

| 事项序号 | 是否可能表明存在重大错报风险（是/否） | 理由 | 财务报表项目名称及认定 |
| --- | --- | --- | --- |
| （1） | 否 | | |
| （2） | 是 | 放宽对客户信用标准可能导致坏账损失的增加，但资料二显示兴达公司 2019 年末坏账准备比上年末减少，可能存在少提坏账准备的风险。 | 应收账款：准确性、计价和分摊<br>资产减值损失：完整性 |
| （3） | 是 | 为开发无形资产借款 1 000 万元可能导致 2019 年度管理费用大幅增加，同时导致财务费用上升。资料二表明 2019 年度财务费用反而下降。可能存在低估财务费用的风险。 | 财务费用：完整性 |
| （4） | 是 | 市场需求下降、销售单价下降，人工成本上升可能导致毛利率下降。资料二显示兴达公司毛利率由上年的 12% 上升为本年的 15%，可能存在高估营业收入或低估营业成本的风险。 | 营业收入：发生<br>应收账款：存在<br>营业成本：完整性<br>存货：存在 |
| （5） | 是 | 提前淘汰生产设备可能导致固定资产在 2020 年初发生大额减值，但资料二表明兴达公司没有对固定资产计提减值准备。可能存在未提减值准备的风险。 | 固定资产：准确性、计价和分摊<br>资产减值损失：完整性 |

2.

（1）不恰当，评估重大错报风险涉及职业判断，应当由注册会计师负责执行。

（2）恰当。

（3）不恰当，书面声明的日期不得晚于审计报告的日期。

3.

（1）不恰当，还应该观察对账单是否寄出，应当检查客户回函档案。

（2）不恰当，样本偏差率是总体偏差率的最佳估计，但必须考虑抽样风险，样本偏差率上限低于可容忍偏差率，认为该项控制执行有效。

（3）不恰当，应从订购单选取样本，并核对与验收单是否一致。

4.

（1）不恰当，还应当将账簿记录与发运凭证进行核对。

（2）不恰当，应当打开车厢查看，详细列出存货场地上满载和空载的车厢，并记录各自的存货状况。

（3）不恰当，无论对管理层凌驾于控制之上的风险评估结果如何，都应当选择在报告期末作出的会计分录和其他调整测试。

5.

（1）对第1笔未更正错报的判断不当。将总经理在高档会所的消费计入管理费用属于舞弊行为，即便金额小于重要性，错报性质严重，属于重大错报。

（2）对第2笔未更正错报的判断不当。错报导致固定资产高估235万元，超过了财务报表整体的重要性水平160万元，属于重大错报。

（3）对第3笔未更正错报的判断不恰当。虽然该笔错报为60万元，低于财务报表整体的重要性水平，但是三笔错报汇总起来影响利润的金额 = $-5+120+60=175$ 万元，超过了重要性水平，属于重大错报。

# 2020年注册会计师全国统一考试
# 《审计》全真模拟试题（六）

**一、单项选择题**（本题型共25小题，每小题1分，共25分。每小题只有一个正确答案，请从每小题的备选答案中选出一个你认为正确的答案，用鼠标点击相应的选项。）

1. 下列各项中，不属于审计固有限制的来源的是（　　）。

A. 注册会计师获取审计证据的能力受到法律上的限制

B. 注册会计师可能满足于说服力不足的审计证据

C. 管理层可能不提供编制财务报表相关的全部信息

D. 管理层在编制财务报表的过程中可能运用到判断

2. 下列控制活动中，属于检查性控制的是（　　）。

A. 信息技术部根据人事部提供的员工岗位职责表在系统中设定用户权限

B. 仓库管理员根据经批准的发货单办理出库

C. 采购部对新增供应商执行背景调查

D. 财务人员每月末与客户对账，并调查差异

3. 下列各项中，通常不属于审计报告预期使用者的是（　　）。

A. 被审计单位的股东

B. 被审计单位的管理层

C. 对被审计单位财务报表执行审计的注册会计师

D. 向被审计单位提供贷款的银行

4. 会计师事务所应当制定政策和程序，以合理保证会计师事务所及其人员遵守职业道德规范。会计师事务所应当（　　）年至少（　　）次向所有受独立性要求约束的人员获取其遵守独立性政策和程序的书面确认函。

A. 3；1　　　　B. 2；1

C. 1；1　　　　D. 1；2

5. 在判断注册会计师是否按照审计准则的规定执行工作以应对舞弊风险时，下列各项中，不需要考虑的是（　　）。

A. 注册会计师是否根据具体情况实施了审计程序，并获取了充分、适当的审计证据

B. 注册会计师在审计过程中是否保持了职业怀疑

C. 注册会计师是否识别出舞弊导致的财务报表重大错报

D. 注册会计师是否根据审计证据评价结果出具了恰当的审计报告

6. 关于审计证据的说法中，错误的是（　　）。

A. 信息的缺乏本身不构成审计证据

B. 在既定的重大错报风险水平下，需要获取的审计证据的数量受审计证据质量的影响

C. 注册会计师在使用被审计单位生成的信息时，需证明信息的准确性和完整性

D. 审计证据的质量与审计证据的相关性和可靠性有关

7. 注册会计师与治理层沟通的相关说法中，正确的是（　　）。

A. 注册会计师应当就与财务报表审计相关且根据职业判断认为与治理层责任相关的重大事项，以书面形式在完成审计工作阶段与治理层进行明晰的沟通

B. 与治理层的沟通有助于注册会计师了解相关信息，更好地计划审计范围和时间，所以注册会计师可以与治理层沟通承担制定总体审计策略和具体审计计划的责任

C. 注册会计师通常专门为识别与治理层沟通的补充事项设计程序

D. 沟通的主要目的包括共享有助于注册会计师获取审计证据和治理层履行责任的其他信息

8. 下列各项中，不影响审计证据可靠性的是（　　）。

A. 被审计单位内部控制是否有效

B. 用作审计证据的信息与相关认定之间的关系

C. 审计证据的来源

D. 审计证据的存在形式

9. 下列有关识别、评估和应对重大错报风险的说法中，错误的是（　　）。

A. 注册会计师应当将识别的重大错报风险与特定的某类交易、账户余额和披露的认定相联系

B. 在识别和评估重大错报风险时，注册会计师应当考虑发生错报的可能性以及潜在错报的重大程度

C. 对于某些重大错报风险，注册会计师可能认为仅通过实质性程序无法获取充分、适当的审计证据

D. 在实施进一步审计程序的过程中，注册会计师可能需要修正对认定层次重大错报风险的评估结果

10. 下列有关选取测试项目的方法的说法中，正确的是（　　）。

A. 从某类交易中选取特定项目进行检查构成审计抽样

B. 从总体中选取特定项目进行测试时，应当使总体中每个项目都有被选取的机会

C. 对全部项目进行检查，通常更适用于细节测试

D. 审计抽样更适用于控制测试

11. 如果银行对账单余额与该银行账户的银行存款日记账余额不符，为查找不符原因或证明银行存款不存在错报，最有效的审计程序是（　　）。

A. 函证银行存款账户

B. 检查该银行账户的银行存款余额调节表

C. 对银行存款进行截止测试

D. 检查银行存款账户是否属于被审计单位

12. 下列关于分析程序的用法中，正确的是（　　）。

A. 注册会计师应当在每个审计项目中将分析程序用作风险评估程序、实质性程序和总体复核

B. 细节测试比实质性分析程序更能有效地应对认定层次的重大错报风险

C. 注册会计师实施分析程序时应当使用被审计单位外部的数据建立预期

D. 需要从实质性分析程序中获取的保证程度越高，可接受差异额应当越低

13. A注册会计师获取的甲公司管理层声明通常不需要包括的内容是（　　）。

A. 甲公司战略目标的可实现性

B. 管理层对财务报表的责任

C. 甲公司提供的董事会会议记录的完整性

D. 公允价值计量和披露中涉及的重大假设的合理性

14. A注册会计师对预计负债完整性认定进行审计时，下列审计程序中通常不能提供相关审计证据的是（　　）。

A. 分析律师费用的异常变动　　B. 检查董事会会议纪要

C. 向往来银行进行询证　　D. 从预计负债明细账追查至记账凭证

15. 下列有关重大错报风险的说法中，错误的是（　　）。

A. 注册会计师应当从财务报表层次和各类交易、账户余额和披露认定层次考虑重大错报风险

B. 重大错报风险指财务报表在审计前存在重大错报的可能性

C. 重大错报风险可进一步区分为固有风险和检查风险

D. 注册会计师可以定性或定量评估重大错报风险

16. 以下控制活动中最能防止员工挪用现金收入的是（　　）。

A. 会计主管每日复核现金收支相关的记账凭证

B. 会计主管审查出纳员记录的现金日记账和银行日记账

C. 每一笔应收账款在计提坏账准备前均由董事会审批

D. 负责现金收支的岗位与应收账款记账岗位职责相分离

17. 了解与特别风险相关的控制，有助于注册会计师制定有效的审计方案予以应对。下列不是注册会计师应考虑与特别风险相关的控制是（　　）。

A. 作出会计估计所依据的假设由管理层或专家进行复核

B. 重大会计估计结果由治理层批准

C. 数据收集和处理按会计核算软件程序进行

D. 管理层在收到重大诉讼事项的通知时提交适当的专家处理

18. 在接受委托后，下列关于后任注册会计师查阅前任注册会计师审计工作底稿的说法中，正确的是（　　）。

A. 后任注册会计师查阅前任注册会计师的审计工作底稿是必须程序

B. 前任注册会计师必须允许后任注册会计师查阅其审计工作底稿

C. 注册会计师如需查阅前任注册会计师的审计工作底稿，需再次取得被审计单位同意

D. 注册会计师如需查阅前任注册会计师的审计工作底稿，无须再次取得被审计单位同意

19. 以下与期初存货余额相关的论述中，不正确的是（　　）。

A. 监盘当前的存货数量并调节至期初存货数量是不适当的

B. 注册会计师一般无需专门对期初余额发表意见

C. 即使上年度财务报表已由前任注册会计师发表无保留意见，也不可直接确认期初存货余额

D. 对于未能对期初存货余额实施监盘这一事项，不应直接视为审计范围受到限制

20. 针对注册会计师首次接受委托对期初余额审计需要获取的审计证据，以下说法中，不恰当的有（　　）。

A. 如果上期财务报表已经前任注册会计师审计，注册会计师可以直接查阅前任注册会计师的审计工作底稿获取有关期初余额的审计证据

B. 对流动资产和流动负债，注册会计师可以通过本期实施的审计程序获取有关期初余额的审计证据

C. 对非流动资产和非流动负债，注册会计师可以通过检查形成期初余额的会计记录和其他信息获取有关期初余额的审计证据

D. 注册会计师可以通过向第三方函证获取有关期初余额的审计证据

21. 关于注册会计师对持续经营假设的审计责任，以下说法中，错误的是（　　）。

A. 在执行财务报表审计业务时，注册会计师有责任就持续经营能力是否存在重大不确定性得出结论

B. 即使编制财务报表时采用的财务报告编制基础没有明确要求管理层对持续经营能力作出专门评估，注册会计师的这种责任仍然存在

C. 如果存在可能导致被审计单位不再持续经营的未来事项或情况，审计的固有限制对注册会计师发现重大错报能力的潜在影响会加大，注册会计师应当对这些未来事项或情况作出预测

D. 注册会计师未在审计报告中提及持续经营的不确定性，不能被视为对被审计单位持续经营能力的保证

22. 下列各项中，属于舞弊发生的首要条件的是（　　）。

A. 实施舞弊的动机或压力

B. 实施舞弊的机会

C. 为舞弊行为寻找借口的能力

D. 治理层和管理层对舞弊行为的态度

23. 在利用以前年度获取的审计证据时，下列说法中，错误的是（　　）。

A. 对于不属于旨在减轻特别风险的控制，如果在本年未发生变化，且上年经测试运行有效，本次审计中无须测试

B. 对于旨在减轻特别风险的控制，如果在本年未发生变化，可以依赖上年的测试结果

C. 如果相关事项未发生重大变化，则上年通过实质性测试获取的审计证据可以作为本年的有效审计证据

D. 一般而言，上年通过实质性测试获取的审计证据对本年只有很弱的证据效力或没有

证据效力

24. 下列有关后任注册会计师的说法中错误的是（　　）。

A. 当会计师事务所发生变更时，正在考虑接受委托的会计师事务所是后任注册会计师

B. 当会计师事务所变更业务约定时，已经接受委托的会计师事务所是后任注册会计师

C. 对已经审计的财务报表进行重新审计，正在考虑接受委托或已经接受委托的注册会计师也视为后任注册会计师

D. 会计师事务所公开招聘注册会计师时参加竞标的是后任注册会计师

25. 注册会计师在评价专家的工作是否足以实现审计目的时，下列各项中，不需评价的是（　　）。

A. 专家工作结果或结论的合理性和相关性

B. 专家工作涉及使用的所有假设和方法的合理性和相关性

C. 专家工作结果或结论与其他审计证据的一致性

D. 专家工作涉及使用的重要原始数据的相关性、完整性和准确性

**二、多项选择题**（本题型共10小题，每小题2分，共20分。每小题均有多个正确答案，请从每小题的备选答案中选出你认为正确的答案，用鼠标点击相应的选项。每小题所有答案选择正确的得分，不答、错答、漏答均不得分。）

1. 业务流程、应用系统或交易层面的内部控制包括（　　）。

A. 业绩评价　　B. 信息处理

C. 实物控制　　D. 复核和调节

2. 下列有关利用以前审计获取的有关控制运行有效性的审计证据的说法中，正确的有（　　）。

A. 如果拟信赖以前审计获取的有关控制运行有效性的审计证据，注册会计师应当通过询问程序获取这些控制是否已经发生变化的审计证据

B. 如果拟信赖的控制在本期发生变化，注册会计师应当考虑以前审计获取的有关控制运行有效性的审计证据是否与本期审计相关

C. 如果拟信赖的控制在本期未发生变化，注册会计师通常可以不在本期测试其运行的有效性

D. 如果拟信赖的控制在本期未发生变化，控制应对的重大错报风险越高，本次控制测试与上次控制测试的时间间隔越短

3. 对于集团财务报表审计，关于如何确定组成部分重要性，以下陈述中，正确的是（　　）。

A. 针对不同的组成部分确定的重要性可能有所不同

B. 在确定组成部分重要性时，无需采用将集团财务报表整体重要性按比例分配的方式

C. 对不同组成部分确定的重要性的汇总数，有可能高于集团财务报表整体重要性

D. 组成部分确定的实际执行的重要性可能高于组成部分计划的重要性

4. 信息技术可能对内部控制产生特定风险，了解信息技术对内部控制产生的特定风险时，注册会计师需要考虑的有（　　）。

A. 不恰当的人为干预　　B. 未经授权改变主文档的数据

C. 不具有一贯性　　D. 数据丢失的风险或不能访问所需要的数据

5. 下列说法中不正确的有（　　）。

A. 注册会计师如果对应付账款进行函证，通常采用的函证方式为消极式

B. 通过审查资产负债表日后货币资金支出情况，可以审查被审计单位是否存在未入账的应付账款

C. 无论任何情况，注册会计师均应当对应收账款进行函证

D. 注册会计师可以结合存货监盘程序，检查被审计单位在资产负债日前后的存货入库资料，检查是否有大额料到单未到的情况，确认相关负债是否计入了正确的会计期间

6. 以下关于审计工作底稿的归档期和保存期限的说法中，不恰当的包括（　　）。

A. 在审计报告归档之后可以对审计工作底稿进行修改或增加

B. 在完成最终审计档案的归整工作后，如果发现有必要修改现有审计工作底稿，注册会计师只需记录修改审计工作底稿对审计结论产生的影响

C. 审计报告日后，发现例外情况要求注册会计师实施新的或追加审计程序，或导致注册会计师得出新的结论时需要修改审计工作底稿

D. 审计工作底稿的归档期限是财务报告日后60天内

7. 下列有关注册会计师实施进一步审计程序的时间的说法中，正确的有（　　）。

A. 如果被审计单位的控制环境良好，注册会计师可以更多地在期中实施进一步审计程序

B. 注册会计师在确定何时实施进一步审计程序时需要考虑能够获取相关信息的时间

C. 对于被审计单位发生的重大交易，注册会计师应当在期末或期末以后实施实质性程序

D. 如果评估的重大错报风险为低水平，注册会计师可以选择资产负债表日前适当日期为截止日实施函证

8. 为应对管理层凌驾于控制之上的风险，下列各项审计程序中，注册会计师应当实施的有（　　）。

A. 确认重大关联方交易是否得到适当授权

B. 测试编制财务报表过程中作出的会计分录和其他调整是否适当

C. 评价做出被审计单位正常经营过程的重大交易的商业理由

D. 复核会计估计是否存在偏向

9. 以下关于注册会计师对期后事项责任的表述中，正确的有（　　）。

A. 注册会计师应当实施必要的审计程序，获取充分、适当的审计证据，以确定截至审计报告日发生的、需要在财务报表中调整或披露的事项是否均已得到识别

B. 在外勤审计工作完成后，注册会计师没有责任针对期后事项实施审计程序

C. 在审计报告日至财务报表公布日之间获知可能影响财务报表的期后事项，注册会计师应当及时与被审计单位讨论，必要时实施适当的审计程序

D. 在财务报表公布后，注册会计师没有义务专门对财务报表进行查询

10. 下列人员中，注册会计师应当要求参与项目组讨论的有（　　）。

A. 项目合伙人　　B. 关键审计人员

C. 聘请的特定领域专家　　D. 独立的项目质量控制复核人员

**三、简答题**（本题型共6小题36分。其中一道小题可以选用中文或英文解答，请仔细阅读答题要求。如使用英文解答，须全部使用英文，答题正确的，增加5分。本题型最高得分为41分。）

1. 甲公司主要从事家电产品的生产和销售。ABC会计师事务所负责审计甲公司2019年度财务报表。审计项目组在审计工作底稿中记录了与存货监盘相关的情况，部分内容摘录如下：

（1）审计项目组拟不信赖与存货相关的内部控制运行的有效性，故在监盘时不再观察管理层制定的盘点程序的执行情况。

（2）审计项目组获取了盘点日前后存货收发及移动的凭证，以确定甲公司是否将盘点日前入库的存货、盘点日后出库的存货以及已确认为销售但尚未出库的存货包括在盘点范围内。

（3）由于甲公司人手不足，审计项目组受管理层委托，于2019年12月31日代为盘点甲公司异地专卖店的存货，并将盘点记录作为甲公司的盘点记录和审计项目组的监盘工作底稿。

（4）审计项目组按存货项目定义抽样单元，选取a产品为抽盘样本项目之一。a产品分布在5个仓库中，考虑到监盘人员安排困难，审计项目组对其中3个仓库的a产品执行抽盘，未发现差异，对该样本项目的抽盘结果满意。

（5）在甲公司存货盘点结束前，审计项目组取得并检查了已填用、作废及未使用盘点表单的号码记录，确定其是否连续编号以及已发放的表单是否均已收回，并与存货盘点汇总表中记录的盘点表单使用情况核对一致。

（6）甲公司部分产成品存放在第三方仓库，其年末余额占资产总额的10%。

要求：（1）针对上述第（1）至（5）项，逐项指出审计项目组的做法是否恰当。如不恰当，简要说明理由。

（2）针对上述第（6）项，列举三项审计项目组可以实施的审计程序。

2. A注册会计师负责甲公司2019年的财务报表审计工作，在审计工作底稿中记录了甲公司销售与收款循环的内部控制，部分内容摘录如下：

（1）甲公司的销售部门指派职员B负责与客户进行销售谈判。

（2）B与客户就销售价格达成一致后，由B直接签订销售合同。

（3）客户的信用期由信用管理部门审批授权，如果长期合作客户需要临时申请延长信用期，临时延长期限在10天以内的，由销售部经理批准。

（4）如果客户采购量较小，采购金额在5万元以下的，可以由销售人员直接将销售款项及相关单据带回公司。

（5）每月末，财务部门向客户寄送对账单。如客户未及时回复，销售人员需要跟进，如客户回复表明差异超过该客户欠款余额的1%的，才进行进一步调查。

（6）应收账款的坏账核销必须先经过财务经理审核通过。

要求：针对上述第（1）至（6）项，假定不考虑其他条件，逐项指出所列甲公司的相关控制设计是否恰当。如不恰当，简要说明理由。

3. A公司主要从事家用电器的生产和销售，主要产品包括：电视机、电冰箱、空调、洗衣机、热水器等。A公司于2015年首次公开发行A股股票并上市，目前总股本为60 000

万股（每股面值1元）。A公司为星辰会计师事务所的常年审计客户。星辰会计师事务所委派注册会计师甲担任A公司2019年度财务报表审计项目合伙人，并委派注册会计师乙担任审计项目组负责人。注册会计师乙在复核审计项目组部分成员编制的审计工作底稿时，注意到以下事项：

（1）项目组成员在检查A公司电视机产品是否需要计提存货跌价准备时，复核了A公司电视机产品于2019年末销售价格，发现销售价格略高于2018年末电视机产品账面单位成本。项目组据此得出"A公司电视机产品可变现净值高于成本，无须计提存货跌价准备"的结论。

（2）根据A公司管理制度，财务经理每月对各项产品生产成本进行审核，并与预算数比较，对于差异超过5%的产品进行分析并编制分析报告。生产部经理审阅该分析报告并采取跟进措施。项目组成员抽查了2019年两个月的分析报告，发现财务经理和生产部经理均有在分析报告上签字。项目组成员据此得出"A公司与上述管理制度相关的控制运行有效"的结论。

（3）A公司费用报销制度规定，员工报销费用需经部门经理审核并签字。针对该项控制，项目组成员按照计划的样本量抽取了25个费用报销单进行测试，测试后发现其中有3张报销单上没有部门经理签字，但部门经理随即在这3张报销单上作了补签，并表示是由于无意间漏签所致。项目组成员据此得出"抽取25个样本测试结果无异常，该控制运行有效"的结论。

（4）项目组成员对2019年末A公司应收某客户的应收账款余额实施了函证程序，没有收到回函。项目组成员从2019年应收账款明细账中抽取构成该项应收账款余额的交易所对应的销售发票和发运凭证，经核对金额相符。项目组成员据此得出"于2019年12月31日，A公司对该客户的应收账款余额完整"的结论。

（5）A公司2019年12月31日库存现金分别存放于财务室和总经理办公室保险柜。项目组成员在2019年12月31日对财务室库存现金进行了监盘。由于总经理2019年12月31日未在办公室，项目组成员于2020年1月1日对存放于总经理办公室保险柜的库存现金进行了监盘，均未发现差异。项目组成员据此得出"于2019年12月31日，A公司库存现金余额没有差异"的结论。

要求：针对资料第（1）至（5）项，指出注册会计师乙在复核项目组成员编制的工作底稿时，针对项目组成员的审计处理，应当提出哪些质疑和改进建议。

4. A会计师事务所的B注册会计师负责审计多家被审计单位2019年度财务报表，与审计工作底稿相关的部分事项如下：

（1）在对C公司审计工作底稿归档期间，B注册会计师删除了C公司提供的被取代的财务报表的草稿。

（2）A会计师事务所要求B注册会计师对2019年度D公司财务报表审计业务的总体质量负责，并要求E注册会计师在审计业务过程中的适当阶段及时实施项目质量控制复核。

（3）B注册会计师认为某事项涉及重大事项和重大职业判断，为避免误解注册会计师的专业性，未将其纳入审计工作底稿。

（4）在出具公司2019年度审计报告的次日，B注册会计师收到了一份应收账款询证函的回函，确认金额无误后，B 注册会计师删除了替代程序的原审计工作底稿。

（5）审计报告日期为 2019 年 4 月 25 日。B 注册会计师于 2019 年 4 月 20 日将审计报告提交给甲公司管理层，并于 2019 年 6 月 30 日完成审计工作底稿的归档工作。

要求：对上述第（1）至（5）项，逐项指出 B 注册会计师的做法是否恰当。如不恰当，请简要说明理由。

5. ABC 会计师事务所的 A 注册会计师负责审计多家被审计单位 2019 年度财务报表。与存货审计相关的部分事项如下：

（1）甲公司为制造型企业，存货产销量大但年末余额不重大，因此，A 注册会计师未了解与生产和存货循环相关的业务流程，直接实施了细节测试。

（2）注册会计师对乙公司存货实施了监盘，测试了采购和销售交易的截止，均未发现差错，据此认为存货记录准确。

（3）A 注册会计师于 2019 年 12 月 31 日在丙公司存货盘点现场实施监盘，于次日取得所有盘点标签，检查了是否连续编号，并将存货盘点汇总表与盘点标签进行了核对，结果满意。

（4）因天气恶劣，注册会计师无法在 2019 年 12 月 31 日到达丁公司某异地仓库现场对存货实施监盘，所以另择了日期实施监盘，并对间隔期内发生的交易实施审计程序。

（5）A 注册会计师于 2019 年末对戊公司存货实施监盘时，得知管理层拟于 2020 年 1 月销毁一批过期商品，A 注册会计师检查了该批商品的账簿记录，确认已全额计提跌价准备，不再将其纳入监盘范围。

（6）己公司是 ABC 会计师事务所 2020 年 2 月新承接的客户，管理层于 2019 年 12 月 31 日进行了存货盘点，因年末存货余额重大，A 注册会计师详细检查了己公司的年末盘点记录以及期后的存货出入库记录及相关单据，结果满意，据此认可了年末存货数量。

要求：

针对上述第（1）至（6）项，逐项指出 A 注册会计师的做法是否恰当。如不恰当，简要说明理由。

6. PLWS 会计师事务所的质量控制制度部分内容摘录如下：

（1）当项目组遇到重大疑难问题时，可以向质量控制复核人咨询，由质量控制复核人进行决策。

（2）合伙人考核与晋升制度规定，连续 3 年业务收入额排名前三位的高级经理晋升为合伙人；连续 3 年业务收入额排名后三位的合伙人降级为高级经理。

（3）会计师事务所以每 4 年为一个周期，对每个项目合伙人的业务至少选取一项进行检查。

（4）当项目合伙人无暇复核工作底稿时，由项目质量控制复核合伙人代为复核工作底稿，并对审计项目负责。

（5）为了提升销售业绩，以“拥有独特资源，上市审计包过”为口号刊登广告。

（6）项目质量控制复核人仅复核与重大判断相关的底稿，无需复核全部底稿。

要求：针对上述第（1）至（6）项，逐项指出 PLWS 会计师事务所的质量控制制度的内容是否恰当。如不恰当，简要说明理由。

**四、综合题**（本题型1题，本题型共19分。答案中的金额用人民币元表示，有小数点的保留两位小数，小数点两位后四舍五入。当答题区上有多个标签页时，请务必逐一点击标签查看并回答所有问题，以免漏答。作答时考生应直接将答案录入指定的答题区域中。在草稿纸上书写的所有答案无效。）

ABC会计师事务所首次承接审计上市公司大山公司2019年财务报表，XYZ会计师事务所是连续多年审计大山公司的前任会计师事务所。大山公司主要从事煤炭的生产与销售，煤种为高热值优质环保煤，主要用于电力、化工、冶金、建材等行业和生活民用，在区域内拥有较高市场份额和竞争优势。A注册会计师作为审计项目合伙人，了解大山公司及其环境后，确定了财务报表整体重要性500万元。

资料一：

A注册会计师在审计工作底稿中记录了所了解的大山公司情况及其环境，部分内容摘录如下：

（1）煤炭行业是国民经济基础性行业，行业发展与相关下游行业景气程度有很强相关性。煤炭开采投资连续较大幅度增长，导致产能过剩，加之受宏观经济环境影响，2019年以来煤炭市场价格普遍大幅走低，煤炭企业普遍出现销售困难的情况。

（2）为了应对外部经营环境的不利因素，大山公司于2019年度采取了多种措施以期巩固市场份额和改善经营业绩，包括将职工基本工资下调2%，并将每月工资发放时间由当月末改为下月初。虽然职工工资下调了，但是2019年度大山公司人员结构基本稳定。

（3）自2019年11月起，大山公司将主要煤炭产品交货方式由在大山公司仓库交货，改为客户委托大山公司安排外部专业运输公司将产品发运至客户仓库交客户签收，但客户需承担大山公司因此而发生运费的60%。

（4）2019年12月，由于煤炭生产带来的污染，给附近居民的鱼塘带来了不利的影响，同时，厂区粉尘污染严重，周边居民对此一直在政府门前静坐要求政府出面解决。附近居民已经对大山公司提起诉讼，要求大山公司进行巨额赔偿。大山公司律师认为根据相关法规，大山公司很可能赔偿的金额是150万元，大山公司董事会决议淘汰一批旧设备，从德国进口一批低污染排放的生产设备来解决污染问题。

（5）为了缓解资金紧张压力，除向银行借款外，大山公司将收到的丙公司附有追索权的1 000万元的商业承兑汇票和银行承兑汇票全部予以贴现。

资料二：

A注册会计师在审计工作底稿中记录了所获取的大山公司的财务数据，部分内容摘录如下：

单位：万元

| 项目 | 2019年12月31日 | 2018年12月31日 |
|---|---|---|
| 应收票据 | 0 | 1 000 |
| 存货 | 6 000 | 1 350 |
| 可供出售金融资产 | 200 | 1 200 |
| 存货跌价准备 | (150) | (135) |

续表

| 项目 | 2019 年 12 月 31 日 | 2018 年 12 月 31 日 |
| --- | --- | --- |
| 预计负债 | 0 | 0 |
| 短期借款 | 0 | 1 200 |
| 应付职工薪酬 | 0 | 100 |
| 销售费用——运输费 | 240 | 0 |
| 营业收入 | 10 800 | 8 400 |
| 营业成本 | 7 200 | 6 720 |

资料三：

通过对大山公司内部控制的测试，A 注册会计师注意到，除下列情况内部控制可能存在缺陷外，其他内部控制均健全、有效：

（1）采购部门根据经批准的请购单发出订购单。货物运达后，验收部门根据订购单的要求验收货物，并编制一式多联的验收单。仓储部门根据验收单验收货物，在验收单上签字后，将货物移入仓储中心加以保管。验收单上有数量、品名等要素。验收单一联交采购部门编制付款凭单，月末交财务部门。

（2）生产计划部根据批准顾客订单，签发预先顺序编号的生产通知单。根据生产通知单仓储中心组织发料并填写发料单，其中一联留存，一联连同材料交给领料部门，一联留在仓储中心登记材料明细账，一联交财务部门进行材料收发核算和成本核算。

（3）发出产成品时，由销售部门填制一式四联的出库单。并将出库单第一联交仓库登记产成品卡片，第二联交发运部门，第三、四联交财务部，由小吴负责开具销售发票。

（4）财务部门审核付款凭单后，支付采购款项。出纳员根据已批准的付款凭单，在确定支票收款人名称与付款凭单内容一致后签署支票，并在付款凭单上加盖“已支付”的印章。为了方便付款，公司签署支票所需的支票印章、财务经理个人名章由会计小章负责保管。

资料四：

审计项目组针对大山公司 2019 年度审计业务制定了相关的实质性程序，部分内容摘录如下：

（1）将应收账款设定为重要账户，考虑到 2019 年应收账款坏账计提不足的风险比较高，计划通过对应收账款实施函证程序获取有关应收账款存在、计价和分摊认定的充分、适当的审计证据。

（2）针对财务报表日后付款项目，审计项目组计划询问被审计单位内部或外部的知情人员，查找期末未及时入账的应付账款。

（3）存货存在认定可能存在的重大错报风险，注册会计师计划实施存货监盘程序，但因不可预见的情况导致注册会计师无法亲临现场实施存货监盘程序，审计项目组修改审计计划，拟实施存货监盘的替代审计程序获取期末存货数量和状况的审计证据。

（4）针对存货高估错报风险、期末存货计价和分摊认定存在的重大错报风险，计划通过实施存货监盘程序获取有关期末存货存在认定、计价和分摊认定的充分、适当的审计证据。

资料五：

注册会计师B在复核审计项目组部分成员编制的审计工作底稿时，注意到以下事项：

（1）审计项目组发现大山公司2019年9月份对其母公司巨额对外担保，截至审计报告日，大山公司管理层已经在其书面评价中表示已开始采取资产置换应对措施，这些措施能够解除对大山公司持续经营能力的重大疑虑，大山公司管理层已经在财务报表附注中对此进行了恰当披露。审计项目合伙人认为，该担保事项属于重大或有事项，未来对大山公司持续经营能力可能会产生重大不确定性，因此，拟对大山公司2019年财务报表出具无保留意见带其他事项段的审计报告。

（2）审计项目组识别出大山公司2019年12月份存在超出正常经营过程的重大关联方交易时，注册会计师通过检查该交易的相关合同，评价了：①交易的商业理由（或缺乏商业理由）是否表明被审计单位从事交易的目的可能是为了对财务信息作出虚假报告或为了隐瞒侵占资产的行为；②交易条款是否与管理层的解释一致；③关联方交易是否已按照适用的财务报告编制基础得到恰当会计处理和披露。

（3）集团项目组通过对重要组成部分财务信息审计、对非重要组成部分在集团层面实施分析程序、对集团层面控制和合并过程执行的工作后，集团审计项目合伙人发现仍然不能获取形成集团审计意见所依据的充分、适当的审计证据，因此依据《中国注册会计师审计准则第1502号——在审计报告中发表非无保留意见》，对集团财务报表出具了保留意见的审计报告。

（4）项目组成员发现大山公司存货存放在多个地点，因此要求大山公司提供一份完整的存货存放地点清单（包括期末存货量为零的仓库、租赁的仓库，以及第三方代被审计单位保管存货的仓库等），以获取充分适当的审计证据。

要求：

1. 针对资料一第（1）至（5）项，结合资料二，假定不考虑其他条件，逐项指出资料一所列事项是否可能表明存在重大错报风险。如果认为存在重大错报风险，简要说明理由，并说明该风险主要与哪些财务报表项目（仅限于营业收入、营业成本、应收票据、短期借款、应付职工薪酬、预计负债、营业外支出）的哪些认定相关。

| 事项序号 | 是否可能表明存在重大错报风险（是/否） | 理由 | 财务报表项目名称及认定 |
|---|---|---|---|
| （1） | | | |
| （2） | | | |
| （3） | | | |
| （4） | | | |
| （5） | | | |

2. 根据资料三，注册会计师通过内部控制测试所注意到的各种情况是否表明内部控制存在缺陷？如果存在缺陷，请简要说明理由。

| 事项序号 | 控制设计是否存在缺陷（是/否） | 理由 |
| --- | --- | --- |
| (1) | | |
| (2) | | |
| (3) | | |

3. 根据资料四，判断实质性程序是否恰当，简述理由，提出改进建议。

| 事项序号 | 实质性程序是否恰当（是/否） | 理由与改进建议 |
| --- | --- | --- |
| (1) | | |
| (2) | | |
| (3) | | |

4. 针对资料五第（1）至（4）项，结合资料二，指出注册会计师乙在复核项目组成员编制的工作底稿时，针对项目组成员的审计处理，应当提出哪些质疑和改进建议。

# 2020 年注册会计师全国统一考试
# 《审计》全真模拟试题（六）参考答案及解析

## 一、单项选择题

1. 答案：B

解析：审计的固有限制源于：（1）财务报告的性质；（2）审计程序的性质；（3）在合理的时间内以合理的成本完成审计的需要。选项 A、C，属于审计程序的性质导致的固有限制。选项 D 属于财务报告的性质。

2. 答案：D

解析：选项 A、B、C 属于预防性控制。

3. 答案：C

解析：选项 C，注册会计师对财务报表进行审计发表审计意见，不是审计报告的预期使用者。

4. 答案：C

解析：根据《会计师事务所质量控制准则第 5101 号——业务质量控制》第 18 条：会计师事务所应当每年至少一次向所有受独立性要求约束的人员获取其遵守独立性政策和程序的书面确认函。

5. 答案：C

解析：由于审计的固有限制，即使注册会计师按照审计准则的规定恰当计划和执行了审计工作，也不可避免地存在财务报表中的某些重大错报未被发现的风险。完成审计工作后发现由于舞弊导致的财务报表重大错报，其本身并不表明注册会计师没有按照审计准则的规定执行审计工作。

6. 答案：A

解析：在某些情况下，信息的缺乏（如管理层拒绝提供注册会计师要求的声明）本身也构成审计证据，可以被注册会计师利用，A 选项错误。

7. 答案：D

解析：注册会计师应当就与财务报表审计相关且根据职业判断认为与治理层责任相关的重大事项，以适当的方式及时与治理层进行明晰的沟通，选项 A 不正确；尽管与治理层的沟通有助于注册会计师了解相关信息，更好地计划审计范围和时间，但是具体审计计划尽量不与其沟通，选项 B 不正确；注册会计师通常不专门为识别与治理层沟通的补充事项设计程序，选项C不正确。

8. 答案：B

解析：选项B，用作审计证据的信息与相关认定之间的关系，指的是审计证据的相关性，不影响可靠性。

9. 答案：A

解析：参见《中国注册会计师审计准则》第1211号第34条。

10. 答案：C

解析：选项A，选取特定项目与审计抽样属于两种不同的选取测试项目的方法；选项B，选取特定项目不能保证每个项目都有被选取的机会；选项D，审计抽样更适用于细节测试，没有留下轨迹的控制不适宜使用审计抽样。

11. 答案：B

解析：取得并检查银行存款余额调节表是注册会计师证实银行存款是否存在错报的重要实质性程序。

12. 答案：D

解析：选项A，分析程序用作风险评估和总体复核是必需的，在一段时期内存在可预期关系的大量交易时适用于实质性程序；选项B，在某些情况下，注册会计师可以仅通过实施实质性分析程序获取到充分、适当的审计证据；选项C，也可能使用被审计单位内部数据。

13. 答案：A

解析：对于某些对财务报表具有重大影响的事项而言，比如涉及管理层的判断、意图以及仅限于管理层知悉事实的事项，可以合理预期除实施询问程序获得的证据外，不存在其他充分、适当的审计证据。在这种情况下，注册会计师应当将询问的结果取得管理层的签字确认，获取书面声明。选项B正确，获取声明以确定管理层对财务报表责任的认可；选项C属于仅限于管理层知悉事实的事项；选项D涉及管理层的意图。

14. 答案：D

解析：选项D可以证实预计负债的存在认定。选项A，通过分析律师费用的异常变动，可以发现律师费用增加很多，但是预计负债的金额却很少的情况；选项B，通过检查董事会的会议纪要可以获取蛛丝马迹，发现未记录的预计负债；选项C，银行函证可以提供或有事项完整性相关的证据。

15. 答案：C

解析：认定层次的重大错报风险又可以进一步细分为固有风险和控制风险，选项C错误。

16. 答案：D

解析：不相容岗位相分离能够预防现金舞弊，现金收支职责与应收账款记账的职责属于不相容职责，实施分享控制能够有效避免员工挪用现金。

17. 答案：C

解析：与重大非常规交易相关的特别风险可能导致更高的重大错报风险：（1）管理层更多地介入会计处理；（2）数据收集和处理涉及更多的人工成分；（3）复杂的计算或会计处理方法；（4）非常规交易的性质可能使被审计单位难以对由此产生的特别风险实施有效控制。

18. 答案：C

解析：后任注册会计师在接受委托后，与前任注册会计师的沟通不是必须程序，后任注册会计师根据审计工作需要自行决定是否查阅前任注册会计师的审计工作底稿，但也应征得被审计单位同意。

19. 答案：A

解析：监盘获取存货有关期初余额的审计证据，可以监盘当前的存货数量并调节至期初存货数量。

20. 答案：A

解析：如果上期财务报表已经前任注册会计师审计，注册会计师在得到被审计单位授权的情况下，可以采取与前任注册会计师联系方式，查阅前任注册会计师的审计工作底稿，以获取有关期初余额的审计证据（选项 A 不恰当）。对流动资产和流动负债，注册会计师通常可以通过本期实施的审计程序获取部分审计证据（选项 B 正确）。对非流动资产和非流动负债，注册会计师通常检查形成期初余额的会计记录和其他信息（选项 C 正确）。在某些情况下，注册会计师还可以通过向第三方函证获取有关期初余额（如长期借款和长期股权投资的期初余额）的部分审计证据（选项 D 正确）。

21. 答案：C

解析：如果存在可能导致被审计单位不再持续经营的未来事项或情况，审计的固有限制对注册会计师发现重大错报能力的潜在影响会加大，注册会计师不能对这些未来事项或情况作出预测（选项 C 错误）。

22. 答案：A

解析：舞弊者具有舞弊的动机是舞弊发生的首要条件。

23. 答案：B

解析：鉴于特别风险的特殊性，对于旨在减轻特别风险的控制，不论该控制在本期是否发生变化，注册会计师都不应依赖以前审计获取的证据。

24. 答案：D

解析：后任注册会计师是指正在考虑接受委托或已经接受委托，接替前任注册会计师对被审计单位财务报表进行审计的注册会计师，参加竞标的会计师事务所并不属于后任注册会计师。

25. 答案：B

解析：注册会计师应当评价专家的工作是否足以实现审计目的，包括：（1）专家的工作结果或结论的相关性和合理性，以及与其他审计证据的一致性；（2）如果专家的工作涉及使用重要的假设和方法，这些假设和方法在具体情况下的相关性和合理性；（3）如果专家的工作涉及使用重要的原始数据，这些原始数据的相关性、完整性和准确性。

## 二、多项选择题

1. 答案：CD

解析：业务流程、应用系统或交易层面的内部控制包括：（1）授权与审批；（2）信息技术应用控制；（3）实物控制；（4）复核和调节。

2. 答案：BD

解析：选项 A 错误，如果拟信赖以前审计获取的有关控制运行有效性的审计证据，注册会计师应当通过询问并结合观察或者检查程序获取这些控制是否已经发生变化的审计证据；选项 C 错误，如果拟信赖的控制在本期未发生变化，注册会计师应当运用职业判断决定是否在本期测试其运行的有效性。

3. 答案：ABC

解析：选项 D 不恰当。组成部分层面确定的实际的重要性应当低于计划的重要性。

4. 答案：ABD

解析：选项 C 是由人执行、受人为因素影响的人工控制产生的特定风险。

5. 答案：AC

解析：对于应付账款函证，一般采用积极式；应收账款函证时，如果有充分的证据表明应收账款对财务报表不重要，或函证很可能无效，则注册会计师应当实施替代审计程序。

6. 答案：BD

解析：选项 B 不恰当，注册会计师要记录修改底稿的时间、人员、重新复核的时间、人员以及修改底稿的理由。选项 D 不恰当，审计工作底稿的归档期限是审计报告日后 60 天内或者审计业务中止后的 60 天内。

7. 答案：ABD

解析：对于被审计单位发生的重大交易，注册会计师应当在期末或接近期末实施实质性程序。

8. 答案：BCD

解析：管理层凌驾于控制之上的风险属于特别风险。无论对管理层凌驾于控制之上的风险的评估结果如何，注册会计师都应当设计和实施审计程序，用以：（1）测试日常会计核算过程中作出的会计分录以及编制财务报表过程中作出的其他调整是否适当。（2）复核会计估计是否存在偏向，并评价产生这种偏向的环境是否表明存在由于舞弊导致的重大错报风险。（3）对于超出被审计单位正常经营过程的重大交易，或基于对被审计单位及其环境的了解以及在审计过程中获取的其他信息而显得异常的重大交易，评价其商业理由（或缺乏商业理由）是否表明被审计单位从事交易的目的是为了对财务信息作出虚假报告或掩盖侵占资产的行为。

9. 答案：ABCD

解析：期后事项可按时段划分为三个时段，如下图。

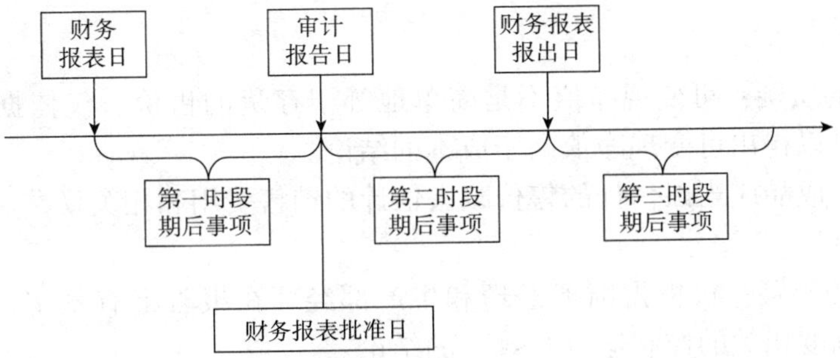


注册会计师对第一时段期后事项负有主动识别并确定是否调整或披露；注册会计师对第二时段期后事项，如果知悉对财务报表有重大影响则应实施审计程序；注册会计师对第三时段期

后事项，没有义务针对财务报表作出查询。根据上述分析，选项A、B、C、D均为正确选项。

10. 答案：ABC

解析：本题考查的是项目组内部的讨论。项目质量控制复核人员不能参加项目组讨论，否则影响其立场。

## 三、简答题

1. 答案：

（1）

第（1）项不恰当。无论是否信赖内部控制，注册会计师在监盘中均应当观察管理层制定的盘点程序的执行情况。

第（2）项不恰当。已确认为销售但尚未出库的存货不应包括在盘点范围内。

第（3）项不恰当。审计项目组代管理层执行盘点工作，将会影响其独立性。盘点存货是甲公司管理层的责任。

第（4）项不恰当。当a产品被选为样本项目时，应当对所有a产品执行抽盘。

第（5）项恰当。

（2）审计项目组可以实施的审计程序有：

①向保管存货的第三方函证存货的数量和状况；

②实施检查程序/检查与第三方保管的存货相关的文件记录；

③对第三方保管的存货实施监盘；

④安排其他注册会计师对第三方保管的存货实施监盘；

⑤获取其他注册会计师或提供仓储服务的第三方的注册会计师针对第三方用以保证存货得到恰当盘点和保管的内部控制的适当性而出具的报告。

2. 答案：

（1）不恰当。谈判人员至少应有两人以上。

（2）不恰当。销售人员应当与订立合同的人员相分离。

（3）不恰当。长期客户临时申请延长信用期，应当经信用管理部审核。

（4）不恰当。销售人员应当避免接触销货现款。

（5）不恰当。甲公司应针对所有对账差异进行调查。

（6）恰当。

3. 答案：

（1）应提出的质疑：可变现净值不是简单地等于存货的售价。仅依据销售价格高于账面单位成本，不足以得出可变现净值高于成本的结论。

改进建议：产成品应当以估计的售价减去估计的销售费用和相关税费后的金额确定其可变现净值。

（2）应提出的质疑：仅根据财务经理和生产部经理在报告上有签字，不足以得出“A公司与上述管理制度相关的控制运行有效”的结论。

改进建议：财务经理和生产部经理在报告上的签字只能说明有控制执行的记录。项目组成员还需要通过询问、观察和检查等其他程序来证明生产部经理了解分析报告中的内容并确实采取了跟进措施，测试后才能得出该“控制运行有效”的结论。

（3）应提出的质疑：项目组成员在测试时发现3张报销单上没有部门经理的签字，不能依据部门经理“无意间漏签”的解释便得出测试结果无异常的结论。

改进建议：对发现偏差的样本分析偏差的性质和原因，判断其对财务报表重大错报风险的影响。三个样本出现偏差，可能得出该控制无效的结论，应当考虑其对进一步实质性程序的影响。

（4）应提出的质疑：以2019年应收账款账面记录为起点，检查至账面记录对应的应收账款相关的原始凭证不能得出“于2019年12月31日，A公司对该客户的应收账款余额完整”的结论。

改进建议：应以2019年销售交易的原始单据（如产品发运凭证等）为起点，追查至应收账款账面记录，才能够应对与应收账款完整性认定相关的审计目标。

（5）应提出的质疑：项目组成员不应当分两天对库存现金进行监盘。

改进建议：部分现金保管在总经理办公室（而非由财务部出纳统一保管）不符合内控要求，库存现金被挪用的风险较高，加之库存现金易转移，存放于两处或两处以上的，应同时进行盘点。项目组成员应重新对存放于财务室和总经理办公室的库存现金同时进行监盘，并调整至资产负债表日的金额。

4. 答案：

（1）恰当。删除或废弃被取代的审计工作底稿属于在归档期间对审计工作底稿作出的事务性变动，注册会计师可以做出变动。

（2）恰当。

（3）不恰当。当涉及重大事项和重大职业判断时，注册会计师需要编制与运用职业判断相关的审计工作底稿。

（4）不恰当。此事项涉及实施新的审计程序或得出新的结论，变动不属于事务性的，不应作出变动。

（5）不恰当。审计工作底稿归档应当在审计报告日后60日天内完成。

5. 答案

（1）不恰当。应了解与生产和存货循环相关的业务流程。

（2）不恰当。要验证存货的计价认定，应该实施专门的计价测试，监盘主要验证的是存在认定，针对计价仅能提供部分审计证据。

（3）不恰当。不应在次日取得所有盘点标签和检查盘点标签是否连续编号/应在监盘前检查盘点标签是否连续编号，盘点结束后回收并清点所有已使用和未使用的盘点表和盘点标签。

（4）恰当。

（5）不恰当。应对过期商品是否存在及其状况实施监盘。

（6）不恰当。应对己公司存货执行监盘程序。

6. 答案：

（1）不恰当。不应就重大问题向项目质量控制复核人咨询，质量控制复核人也不应参与决策，否则将因自我评价而影响其客观性。

（2）不恰当。会计师事务所应建立以质量为导向的业绩评价政策。

（3）不恰当。应当至少每三年一次对已完成的业务进行检查。

（4）不恰当。项目合伙人对项目质量负责，不能授权他人代为复核。

（5）不恰当。会计师事务所不得夸大宣传提供的服务。

（6）恰当。

## 四、综合题

答案：

1.

| 事项序号 | 是否可能表明存在重大错报风险（是/否） | 理由 | 财务报表项目名称及认定 |
|---|---|---|---|
| （1） | 是 | 2019年度，在煤价下跌、煤炭企业普遍出现销售困难的情况下，大山公司2019年度营业收入却逆势增加28.6%，大山公司营业收入可能存在高估的风险。<br>大山公司2019年度的毛利率较2018年度增加13%，同时营业成本增幅为7%，明显小于收入增幅，营业成本可能存在低估的风险。 | 营业收入：发生<br>营业成本：完整 |
| （2） | 是 | 大山公司将每月工资发放时间由当月末改为下月初，但应付职工薪酬的余额为零，应付职工薪酬可能存在低估风险。 | 应付职工薪酬：完整性 |
| （3） | 否 | | |
| （4） | 是 | 大山公司面临着被诉讼并赔偿的风险，但资料二显示预计负债的账面余额为零，可能存在没有计提预计负债的重大错报风险。 | 营业外支出：完整性<br>预计负债：完整性 |
| （5） | 是 | 附追索权的票据贴现时，该部分贴现的应收票据不符合终止确认条件，应列示在报表项目下，并根据具体情况在报表附注中进行适当披露，而资料二显示应收票据项目为零，很可能存在低估风险；同时，应收票据的贴现如果附追索权还可能导致短期借款增加，但是资料二显示短期借款为零，很可能存在低估风险。 | 应收票据：完整性<br>短期借款：完整性 |

2.

（1）存在缺陷。理由：①验收单必须连续编号，以确保所有采购都已记录；②采购部门编制付款凭单不恰当，应由应付凭单部门编制付款凭单；③应付凭单部门应及时将付款凭单交财务部门，以保证企业按约定时间付款。

（2）不存在。

（3）存在缺陷。理由：由销售部门填制出库单不合理，应建议由仓储部门人员填制。

（4）存在缺陷。理由：资金支付过程中严禁一人保管支付款项全部印章，大山公司财务经理个人名章和支票印章不能同时交给会计小章负责保管。

3.

（1）通过函证应收账款获取应收账款计价和分摊认定的充分、适当的审计证据存在不当之处。理由：对应收账款实施函证程序，可能能够为应收账款的存在认定、权利和义务认定提供相关可靠的审计证据，不能为应收账款的计价和分摊认定（包括应收账款涉及的坏账准备计提）提供证据。改进建议：审计项目组应当通过实施以下审计程序获取有关应收账款计价和分摊认定是否存在重大错报的审计证据：①获取应收账款账龄分析表，测试计算的准确性；检查原始凭证，如销售发票、运输记录等，测试账龄划分的准确性等。②评价计提的应收账款坏账准备，重新估计坏账准备，并在本账项工作底稿中记录测试过程。

（2）针对财务报表日后付款项目，通过询问被审计单位内部或外部的知情人员查找期末未及时入账的应付账款存在不当之处。理由：针对财务报表日后付款项目，仅仅通过询问被审计单位内部或外部的知情人员，不能获取期末未及时入账的应付账款。改进建议：针对财务报表日后付款项目，审计项目组通过检查银行对账单及有关付款凭证（如银行汇款通知、供应商收据等），询问被审计单位内部或外部的知情人员，查找期末未及时入账的应付账款。

（3）因不可预见的情况导致注册会计师无法亲临现场实施存货监盘程序，拟实施存货监盘的替代审计程序获取期末存货数量和状况的审计证据存在不当之处。理由：如果由于恶劣的天气或不可抗力等不可预见的情况导致注册会计师无法在存货盘点现场实施监盘时，注册会计师应当另择日期实施监盘。改进建议：审计项目组应当另择日期实施监盘，并对间隔期内发生的交易实施审计程序。

（4）针对期末存货计价和分摊认定存在的重大错报风险，计划通过实施存货监盘程序获取有关充分、适当的审计证据存在不当之处。理由：通过实施存货监盘不能获取存货计价和分摊的充分、适当的审计证据。改进建议：审计项目组应当实施以下审计程序获取审计证据：①对存货进行计价测试；②根据成本与可变现净值孰低的计价方法，检查存货跌价准备所依据的资料、假设和方法，考虑可变现净值的确定原则，评估存货跌价准备计提的合理性；③检查存货的期后销售情况，确定其期后售价是否低于成本；④在实施存货监盘程序时，观察存货的状态。

4.

（1）质疑：审计项目合伙人对大山公司 2019 年财务报表出具无保留意见带其他事项段的审计报告存在不当。改进建议：大山公司持续经营假设合理，同时披露了存在的持续经营假设的疑虑以及应对措施，审计项目合伙人对大山公司 2019 年财务报表应出具无保留意见带强调事项段的审计报告。

（2）质疑：针对识别出超出正常经营过程的重大关联方交易时仅检查和评价相关合同或协议存在不当。改进建议：审计项目组还应获取交易已经恰当授权和批准的审计证据。

（3）质疑：对集团财务报表出具了保留意见的审计报告存在不当。改进建议：集团项目组还应当选择某些不重要的组成部分，并对已选择的组成部分财务信息亲自执行或由代表集团项目组的组成部分注册会计师执行下列一项或多项工作：①使用组成部分重要性对组成部分财务信息实施审计；②对一个或多个账户余额、一类或多类交易或披露实施审计；③使用组成部分重要性对组成部分财务信息实施审阅；④实施特定程序。

（4）质疑：仅仅要求大山公司提供一份完整的存货存放地点清单存在不当。改进建议：审计项目组除了要求大山公司提供一份完整的存货存放地点清单外，还应当根据具体情况下的风险评估结果，考虑执行以下一项或多项其他审计程序：①询问被审计单位除管理层和财务部门以外的其他人员，如营销人员、仓库人员等，以了解有关存货存放地点的情况；②比较被审计单位不同时期的存货存放地点清单，关注仓库变动情况，以确定是否存放在因仓库变动而未将存货纳入盘点范围的情况发生；③检查被审计单位存货的出、入库单，关注是否存在被审计单位尚未告知注册会计师的仓库（如期末库存量为零的仓库）；④检查费用支出明细账和租赁合同，关注被审计单位是否租赁仓库并支付租金，如果有，该仓库是否已包括在被审计单位提供的仓库清单中；⑤检查被审计单位“固定资产——房屋建筑物”明细清单，了解被审计单位可用于存放存货的房屋建筑物。在获取完整的存货存放地点清单的基础上，注册会计师可以根据不同地点所存放存货的重要性以及对各个地点与存货相关的重大错报风险的评估结果（例如，注册会计师在以往审计中可能注意到某些地点存在存货相关的错报，因此，在本期审计时对其予以特别关注），选择适当的地点进行监盘，并记录选择这些地点的原因。

# 2020年注册会计师全国统一考试
# 《审计》全真模拟试题（七）

**一、单项选择题**（本题型共25小题，每小题1分，共25分。每小题只有一个正确答案，请从每小题的备选答案中选出一个你认为正确的答案，用鼠标点击相应的选项。）

1. 注册会计师在控制测试中使用计算机辅助审计技术的最大优势是（　　）。

A. 可对每一笔交易进行测试，以确定内部控制是否有效运行

B. 可以选择少量交易，以确定内部控制是否得到运行

C. 可以选择少量的交易进行测试，以评价内部控制设计是否合理

D. 可以对发现的控制失效的情况进行后续跟踪，确定控制的偏差

2. 下列各项中，通常不需要注册会计师运用职业判断的是（　　）。

A. 确定财务报表整体的重要性

B. 确定审计工作底稿归档的最晚日期

C. 确定是否利用被审计单位的内部审计工作

D. 评价审计抽样的结果

3. 下列各项中，不属于审计项目初步业务活动的是（　　）。

A. 针对接受或保持客户关系和业务委托的评估程序

B. 确定项目组成员及拟利用的专家

C. 评价遵守职业道德守则的情况

D. 签署审计业务约定书

4. 下列有关注册会计师执行的业务提供的保证程度的说法中，正确的是（　　）。

A. 鉴定业务提供高水平保证

B. 代编财务信息提供合理保证

C. 对财务信息执行商定程序提供低水平保证

D. 财务报表审阅提供有限保证

5. 关于注册会计师执行财务报表审计工作的总体目标，下列说法中，正确的是（　　）。

A. 对财务报表整体是否不存在重大错报获取合理保证，使得注册会计师能够对财务报表是否在所有方面按照适用的财务报告编制基础编制发表审计意见

B. 对被审计单位的持续经营能力提供合理保证

C. 对被审计单位内部控制是否存在值得关注的缺陷提供合理保证

D. 按照审计准则的规定，根据审计结果对财务报表出具审计报告，并与管理层和治理层沟通

6. 对于重大余额，关于实质性程序与评估的认定层次重大错报风险之间的关系，下列说法中，正确的是（　　）。

A. 如果评估的认定层次重大错报风险较高，注册会计师应当实施细节测试

B. 无论评估的重大错报风险结果如何，注册会计师实施的实质性程序均应当包括细节测试

C. 无论评估的重大错报风险结果如何，注册会计师都应当实施实质性程序

D. 无论评估的重大错报风险结果如何，注册会计师实施的实质性程序均应当包括函证程序

7. 在归档审计工作底稿时，下列有关归档期限的要求中，A 注册会计师认为正确的是（　　）。

A. 在审计报告日后 60 天内完成审计工作底稿的归档工作

B. 在审计报告日后 90 天内完成审计工作底稿的归档工作

C. 在审计报告公布日后 60 天内完成审计工作底稿的归档工作

D. 在审计报告公布日后 90 天内完成审计工作底稿的归档工作

8. 下列有关审计证据的充分性和适当性的说法中，错误的是（　　）。

A. 只有充分且适当的审计证据才有证明力

B. 审计证据的充分性和适当性分别是对审计证据数量和质量的衡量

C. 审计证据的充分性会影响审计证据的适当性

D. 审计证据的适当性会影响审计证据的充分性

9. 下列有关期后事项审计的说法中，错误的是（　　）。

A. 在财务报表报出后，如果被审计单位管理层修改了财务报表，且注册会计师提供了新的审计报告或修改了原审计报告，注册会计师应当在新的或经修改的审计报告中增加强调事项段或其他事项段予以说明

B. 如果组成部分注册会计师对某组成部分实施审阅，集团项目组可以不要求该组成部分注册会计师实施审计程序以识别可能需要在集团财务报表中调整或披露的期后事项

C. 在设计用以识别期后事项的审计程序时，注册会计师应当考虑风险评估的结果，但无需考虑对之前已实施审计程序并已得出满意结论的事项执行追加的审计程序

D. 注册会计师应当设计和实施审计程序，以确定所有在财务报表日至审计报告日之间发生的事项均已得到识别

10. 关于信息差距，下列说法错误的是（　　）。

A. 指财务报表使用者作出明智投资和信托决策需要的信息，与他们从审计报告和已审计财务报表中得到的信息之间存在着较大的差距

B. 这种“信息差距”会影响资本市场的效率和资本的成本

C. 丰富审计报告内容，使得财务报表使用者可以了解与被审计单位和财务报表审计更为相关、决策有用的信息，可以缩小信息差距

D. 信息差距是指被审计单位管理层认定与真实信息之间的差距

11. 如果集团审计策略要求（　　），则集团项目组无需了解该组成部分的注册会计师。

A. 组成部分注册会计师对某组成部分财务信息实施审计

B. 集团项目组仅在集团层面对某组成部分实施分析程序

C. 组成部分注册会计师对某组成部分财务信息实施审阅

D. 集团项目组参与组成部分注册会计师的风险评估工作

12. 当怀疑被审计单位存在违反法律法规行为时，下列各项审计程序中，通常不能为注册会计师提供额外审计证据的是（　　）。

A. 获取被审计单位管理层的书面声明

B. 与被审计单位治理层讨论

C. 向被审计单位内部法律顾问咨询

D. 向会计师事务所的法律顾问咨询

13. 如果法律法规要求在审计报告中提及组成部分注册会计师，审计报告应当指明（　　）。

A. 这种提及不会减轻项目合伙人及其所在的会计师事务所对审计意见承担的责任

B. 这种提及可能减轻集团项目合伙人及其所在的会计师事务所对集团审计意见承担的责任

C. 这种提及不会减轻集团项目合伙人及其所在的会计师事务所对集团审计意见承担的责任

D. 这种提及不会减轻组成部分项目合伙人及其所在的会计师事务所对集团审计意见承担的责任

14. 下列有关控制测试程序的说法中，正确的是（　　）。

A. 注册会计师应当将观察与其他审计程序结合使用

B. 检查程序适用于所有控制测试

C. 重新执行程序适用于所有控制测试

D. 通常只有当询问、观察和检查程序结合在一起仍无法获得充分的证据时，注册会计师才考虑实施重新执行程序

15. 下列各项中，不属于控制环境要素的是（　　）。

A. 对诚信和道德价值观的沟通与落实

B. 治理层的参与

C. 内部审计的职能范围

D. 人力资源政策与实务

16. 项目合伙人在复核审计工作底稿的过程中，不属于复核内容的是（　　）。

A. 特别风险

B. 对所有领域所作的判断

C. 执行业务过程中识别出的疑难问题或争议事项

D. 项目合伙人认为重要的其他领域

17. 在与治理层沟通计划的审计范围和时间安排时，下列各项中，A 注册会计师通常认为不宜沟通的是（　　）。

A. 重要性的具体金额

B. 拟如何应对由于舞弊或错误导致的特别风险

C. 对于审计相关的内部控制采取的方案

D. 拟利用内部审计工作的程度

18. 下列各项控制中，属于检查性控制的是（　　）。

A. 出纳不能兼任收入或支出的记账工作

B. 财务总监复核并批准财务经理提出的撤销银行账号的申请

C. 财务经理根据其权限复核并批准相关付款

D. 财务经理复核会计编制的银行存款余额调节表

19. 下列有关注册会计师利用内部审计人员工作的说法中，错误的是（　　）。

A. 注册会计师不能将可能影响内部审计工作的重大事项告知内部审计人员

B. 如果拟利用内部审计人员的工作，注册会计师应当与内部审计人员就选取测试项目拟采用的方法达成一致

C. 注册会计师必须对与财务报表审计有关的所有重大事项独立作出职业判断，不能完全依赖内部审计工作

D. 如果拟利用内部审计人员的工作，注册会计师应当与内部审计人员就内部审计涵盖的范围达成一致

20. 在对舞弊风险进行评估后，注册会计师认为被审计单位管理层凌驾于内部控制之上的风险很高。对此，注册会计师通常不实施的审计程序是（　　）。

A. 测试会计核算过程中作出的会计分录以及为编制财务报表作出的调整分录是否适当

B. 复核会计估计是否合理

C. 对于注意到的、超出正常经营过程或基于对被审计单位及其环境的了解显得异常的重大交易，了解其商业理由的合理性

D. 在分派和督导项目组成员时，考虑承担重要业务职责的项目组成员所具备的知识、技能和能力，并考虑由于舞弊导致的重大错报风险的评估结果

21. 注册会计师执行内部控制审计时，下列有关识别重要账户、列报及其相关认定的说法中，错误的是（　　）。

A. 在识别重要账户、列报及其相关认定时，注册会计师不需要确定重大错报的可能来源

B. 超过财务报表整体重要性的账户未必是重要账户

C. 低于实际执行重要性，但存在舞弊风险的账户，应当确定为重要账户

D. 在识别重要账户、列报及其相关认定时，注册会计师不应考虑控制的影响

22. 以下事项中，不属于存在管理层偏向迹象的是（　　）。

A. 管理层主观地认为环境已经发生变化，并相应地改变会计估计或估计方法

B. 管理层按照无形资产摊销政策进行的点估计

C. 管理层选择或作出重大假设以产生有利于管理层目标的点估计

D. 针对公允价值会计估计，被审计单位的自有假设与可观察到的市场假设不一致，但仍使用被审计单位的自有假设

23. 针对评估持续经营能力的适当性，下列说法中，正确的是（　　）。

A. 如果被审计单位具有良好的经营盈利能力和外部资金支持，管理层无须针对持续经营能力作出评估

B. 管理层评估持续经营能力的期间不得少于自财务报表日起18个月

C. 管理层对持续经营能力作出评估时考虑的信息，应当包括注册会计师实施审计程序获取的信息

D. 注册会计师无需考虑管理层对相关事项或情况结果的预测所依据的假设是否合理

24. 下列有关信息技术对审计的影响的说法中，错误的是（　　）。

A. 被审计单位对信息技术的运用不改变注册会计师制定审计目标，进行风险评估和了解内部控制的原则性要求

B. 被审计单位对信息技术的运用影响注册会计师需要获取的审计证据的性质

C. 被审计单位对信息技术的运用不影响注册会计师需要获取的审计证据的数量

D. 被审计单位对信息技术的运用影响审计内容

25. 关于注册会计师对期后事项的责任，下列说法中错误的是（　　）。

A. 财务报表报出日后知悉的事实，注册会计师没有义务针对财务报表实施任何审计程序

B. 在财务报表报出后，如果知悉可能对财务报表产生重大影响的事实，没有责任采取措施

C. 在审计报告日后至财务报表报出日前，如果知悉可能对财务报表产生重大影响的事实，有责任采取措施

D. 注册会计师应当设计和实施审计程序，获取充分、适当的审计证据，以确定所有在财务报表日至审计报告日之间发生的、需要在财务报表中调整或披露的事项均已得到识别

**二、多项选择题**（本题型共10小题，每小题2分，共20分。每小题均有多个正确答案，请从每小题的备选答案中选出你认为正确的答案，用鼠标点击相应的选项。每小题所有答案选择正确的得分，不答、错答、漏答均不得分。）

1. 在集团审计中，审计风险包括（　　）。

A. 组成部分注册会计师发现组成部分财务信息存在的错报风险

B. 组成部分注册会计师可能没有发现组成部分财务信息存在的错报风险

C. 集团项目组可能没有发现该错报的风险

D. 集团项目组发现该错报的风险

2. 以下属于可能导致错报的事项有（　　）。

A. 不充分的披露　　B. 信息分类不恰当

C. 疏忽导致作出的不正确的会计估计　　D. 遗漏某项金额

3. 关于内部控制审计和财务报表审计，下列说法中正确的有（　　）。

A. 在内部控制审计中，注册会计师应当评价财务报表审计中关注到的重大内部控制缺陷情况

B. 在内部控制审计中，注册会计师在对内部控制有效性形成结论时，应当同时考虑财务报表审计中实施的控制测试的结果

C. 在财务报表审计中，注册会计师应当了解并测试内部控制

D. 在财务报表审计中，要求注册会计师必须了解企业的内部控制，并在必要时测试内部控制

4. 下列有关审计报告日的说法中，正确的有（　　）。

A. 审计报告日可以晚于管理层签署已审计财务报表的日期

B. 注册会计师签署审计报告的日期通常与管理层签署已审计财务报表的日期为同一天，也可以晚于管理层签署已审计财务报表的日期

C. 注册会计师签署审计报告的日期可以晚于财务报表报出日

D. 在特殊情况下，注册会计师可以出具双重日期的审计报告

5. A 注册会计师负责审计甲公司 2019 年度财务报表，现场审计工作完成日为 2020 年 2 月 28 日，财务报表批准日为 2020 年 3 月 20 日，审计报告日为 2020 年 3 月 29 日，财务报表报出日为 2020 年 3 月 31 日。下列有关书面声明日期的说法中，正确的有（　　）。

A. A 注册会计师取得日期为 2020 年 3 月 29 日的书面声明

B. A 注册会计师取得日期为 2020 年 3 月 31 日的书面声明

C. A 注册会计师取得日期为 2020 年 2 月 28 日的书面声明，并于 2020 年 3 月 29 日就 2020 年 2 月 28 日至 2020 年 3 月 29 日之间的变化获取管理层的更新声明

D. A 注册会计师取得日期为 2020 年 3 月 20 日的书面声明，并于 2020 年 3 月 31 日就 2020 年 3 月 20 日至 2020 年 3 月 31 日之间的变化获取管理层的更新声明

6. 在评估和应对与关联方交易相关的重大错报风险时，下列说法中，注册会计师认为错误的有（　　）。

A. 所有的关联方交易和余额都存在重大错报风险

B. 实施实质性程序应对与关联方交易相关的重大错报风险更有效，因此无须了解和评价与关联方关系和交易相关的内部控制

C. 对外提供厂房租赁或管理服务，而没有收取对价，金额重大，属于超出正常经营过程的重大交易，存在特别风险

D. 注册会计师应当评价所有关联方交易的商业理由

7. 对于关联方的审计，关于注册会计师的目标下列正确的有（　　）。

A. 如果不适用的财务报告编制基础对关联方作出规定，就不用，充分了解关联方关系及其交易

B. 无论适用的财务报告编制基础是否对关联方作出规定，充分了解关联方关系及其交易

C. 无论是否适用的财务报告编制基础对关联方作出规定，获取充分、适当的审计证据，确定关联方关系及其交易是否已按照适用的财务报告编制基础得到恰当识别、会计处理和披露

D. 如果适用的财务报告编制基础对关联方作出规定，获取充分、适当的审计证据，确定关联方关系及其交易是否已按照适用的财务报告编制基础得到恰当识别、会计处理和披露

8. 下列各项中，属于预防性控制的有（　　）。

A. 负责业务收入和应收账款记账的财务人员不得经手货币资金

B. 采购固定资产需要经适当级别的人员批准

C. 会计主管每月末将银行账户余额与银行对账单进行核对，并编制银行存款余额调节表

D. 管理层定期执行存货盘点，以确定永续盘存制的可靠性

9. 注册会计师在审计工作底稿归档期间作出的下列变动中，属于事务性变动的有（　　）。

A. 删除管理层书面声明的草稿

B. 将审计报告日前已收回的询证函进行编号和交叉索引

C. 获取估值专家的评估报告最终版本并归入审计工作底稿

D. 对审计档案归整工作的完成核对表签字认可

10. 在审计过程中检查记录或文件时，注册会计师应当对这些安排或其他信息保持警觉的有（　　）。

A. 某些安排显示管理层已经识别的关联交易

B. 某些安排或其他信息显示管理层未识别的关联方关系

C. 某些安排或其他信息显示管理层未识别的关联交易

D. 某些安排或其他信息显示管理层未向注册会计师披露的关联交易

**三、简答题**（本题型共 6 小题 36 分。其中一道小题可以选用中文或英文解答，请仔细阅读答题要求。如使用英文解答，须全部使用英文，答题正确的，增加 5 分。本题型最高得分为 41 分。）

1. 注册会计师执行 A 公司财务报表审计，将财务报表整体重要性确定为 2 000 万元。发现下列事项：

（1）A 公司的年度管理费用总额为 1 亿元。年度管理费用的核算比较简单。错误或舞弊导致管理费用发生重大错报的固有风险很低。在以前年度审计中从未发现管理费用存在错报，也从未发现过相关控制缺陷。

（2）假设 A 公司的固定资产总额为 2 700 万元。固定资产的确认比较简单，以前年度发生的错报并不重大。其他情况如下：以前年度未发现与固定资产相关的控制缺陷；A 公司的控制环境较强；绝大多数的固定资产较为庞大或无法移动；固定资产分布于多个组成部分；由于错误或舞弊导致固定资产发生重大错报的固有风险很低，固定资产的增加或减少金额并不重大；固定资产没有减值迹象。

（3）B 银行是一家金融机构，拥有多家分支机构。该银行的资产总额为 1 000 亿元，财务报表整体重要性为 1 亿元。从以前年度审计情况来看，A 公司对存入 B 银行的定期存款 5 亿元，未发现控制缺陷，也未作出审计调整。

（4）A 公司的子公司 C 公司拥有 7 500 万元的商誉，该商誉是两年前通过收购业务形成的，之后 C 公司未发生收购业务。

要求：根据以上资料，判断上述账户是否属于重要账户，如果是重要账户请确定哪些认定与为该重要账户相关。

2. 评价注册会计师了解被审计单位内部控制与控制测试的异同。

3. 甲股份有限公司是生产家具产品的大型工业企业，聘请 ABC 会计师事务所对其 2019 年年报进行审计。注册会计师在审计货币资金过程中遇到的一些情况如下：

（1）为了保证库存现金账面余额与实际库存相符，出纳于每周五下班后定期进行现金盘点。如发现不符，及时查明原因，进行处理。

（2）每月末，会计主管指定出纳员人员再次对现金进行盘点，编制库存现金盘点表，将盘点金额与现金日记账余额进行核对。

（3）为加强货币资金支付管理，货币资金支付审批实行分级管理办法：单笔付款金额在50万元以下的，由财务主管审批；单笔付款金额在50万元以上的，由财务经理审批。

（4）在对甲公司2019年度财务报表进行审计时，A注册会计师负责审计货币资金项目。A注册会计师打算分别在2019年1月3日和2019年1月4日对公司两个不同营业部的库存现金进行监盘。

（5）鉴于该公司存在大额已质押的定期存款，注册会计师要求检查定期存单，该公司只提供了相应的复印件并做了解释，注册会计师表示合理，检查了定期存单复印件，并与相应的质押合同核对。

（6）监盘时，出纳人员和注册会计师同时在场，为保证盘点结果准确无误，A注册会计师当场盘点现金，在与现金日记账核对后填写“库存现金监盘表”，并亲自签字后形成审计工作底稿。

要求：针对以上第（1）至（6）项，逐项指出注册会计师的做法是否恰当。如不恰当，简要说明理由。

4.（本小题6分，可以选用中文或英文解答，如使用英文解答，须全部使用英文，答题正确的，增加5分，最高得分为11分。）ABC会计师事务所负责审计甲公司2019年度财务报表，审计项目组在审计工作底稿中记录了与公允价值和会计估计审计相关的情况，部分内容摘录如下：

（1）为确定甲公司管理层在2018年度财务报表中作出的会计估计是否恰当，审计项目组复核了甲公司2018年度财务报表中的会计估计在2019年度的结果。

（2）甲公司年末持有上市公司乙公司的流通股股票100万股，账面价值为500万元，以公允价值计量。审计项目组核对了该股票于2019年12月31日的收盘价，结果满意。

（3）甲公司持有以公允价值计量的投资性房地产。审计项目组认为该项公允价值计量不存在特别风险，无须了解相关控制，聘请DEF资产评估公司对该投资性房地产的公允价值进行了评估。

（4）2019年年末，甲公司针对一项未决诉讼确认了500万元预计负债。审计项目组作出的区间估计为550万元至650万元，据此认为预计负债存在少计50万元的事实错报。

（5）为减少利润总额和应纳税所得额之间的差异，甲公司自2019年1月1日起将固定资产折旧年限调整为税法规定的最低年限。审计项目组根据变更后的折旧年限检查了甲公司2019年度计提的折旧额，结果满意。

（6）审计项目组向管理层获取了有关会计估计的书面声明，内容包括在财务报表中确认或披露的会计估计和未在财务报表中确认或披露的会计估计。

要求：针对上述第（1）至（6）项，逐项指出审计项目组的做法是否恰当。如不恰当，简要说明理由。

5. ABC会计师事务所担任非上市银行甲银行2019年度财务报表审计机构。ABC会计师事务所和XYZ公司处于同一网络。审计项目组在审计中遇到下列事项：

（1）项目合伙人A注册会计师的妻子在甲公司担任人事部经理并持有该公司股票期权1万股，该期权自2020年1月1日起可以行权。A注册会计师的妻子于2020年1月2日行权后立即处置了该股票。

（2）B注册会计师曾担任甲银行2014年度至2018年度财务报表审计项目合伙人，之后调离甲银行审计项目组，担任乙公司2019年度财务报表审计项目合伙人。乙公司是甲银行重要的子公司。

（3）会计师事务所的合伙人B于2018年1月1日退休后，根据政策继续享受两年分红。B自2019年7月1日起担任甲银行独立董事。

（4）2019年7月，审计项目组成员C按照正常的程序、条款和条件从甲银行取得购房贷款500万元。该贷款对C而言重大。

（5）XYZ公司接受甲银行委托，对其内审部完成的某项内审工作进行复核，并负责向治理层汇报内审工作结果。该项内审工作与财务会计系统、财务报表以及相关的内部控制均无关。

（6）丙公司是甲银行的子公司。2019年8月，XYZ公司和丙公司共同举办了企业外汇风险管理研讨会。在会上，双方联合推介了丙公司开发的外汇管理软件和风险管理咨询服务。

要求：针对上述第（1）至（6）项，逐项指出是否存在违反中国注册会计师职业道德守则的有关独立性规定的情况，并简要说明理由。

6. A注册会计师是X公司2019年度财务报表审计业务的项目合伙人，于2019年12月10日至20日对X公司的内部控制制度进行了解，并在相关审计工作底稿中记录了所了解事项，摘录如下：

（1）X公司销售给新客户一批金额较大的产品，销售经理通过对客户背景调查，证实客户的信誉比较好，所以签字同意了赊销产品给新客户。

（2）月末，会计主管指定出纳核对银行存款日记账和银行对账单，编制银行存款余额调节表，并提交给财务经理复核。

（3）X公司各部门员工根据公司的批准手续报销差旅费。报销前需到财务部填制费用报销单，由财务部门专门负责费用报销审核的财务主管审核，现金出纳员见到加盖该主管的审核印章后办理支付业务。

（4）企业应收票据应由专人保管，其取得和贴现必须由保管票据的主管人员书面批准。

（5）每年年末，会计主管要根据以往的经验、债务单位的实际财务状况和现金流量的情况，编写应收账款可收回性分析报告。

要求：（1）根据资料，假定未描述的其他内部控制不存在缺陷，请指出X公司内部控制在设计方面的缺陷，并提出改进建议。

（2）根据对内部控制的评价，指出所述的缺陷直接与财务报表哪些项目（仅限于应收账款、营业收入、货币资金、管理费用、应收票据）的何种认定相关，将答案直接填入下表中。

| 摘录 | 内部控制是否存在缺陷 | 缺陷影响的财务报表项目 | 涉及的相关认定 |
| --- | --- | --- | --- |
| (1) | | | |
| (2) | | | |
| (3) | | | |
| (4) | | | |
| (5) | | | |

**四、综合题**（本题型1题，本题型共19分。答案中的金额用人民币元表示，有小数点的保留两位小数，小数点两位后四舍五入。当答题区上有多个标签页时，请务必逐一点击标签查看并回答所有问题，以免漏答。作答时考生应直接将答案录入指定的答题区域中。在草稿纸上书写的所有答案无效。）

红星公司是HBS会计师事务所的常年审计客户，是一家集粮食收储、大米和油脂加工、保健品系列产品生产销售及科研开发为一体的股份有限公司。Z注册会计师负责审计红星公司2019年度财务报表，拟于2020年3月30日出具审计报告。财务报表整体的重要性水平为50万元。

资料一：

Z注册会计师在审计工作底稿中记录了所了解的红星公司情况及其环境，部分内容摘录如下：

（1）红星公司采用经销商买断方式销售A产品和B产品。B产品为2019年2月推出的A产品的升级产品，售价高于A产品20%，成本与A产品持平。2019年度A产品售价和成本与2018年度相比基本没有变化。根据市场反馈，B产品由于价格较高，并未受到消费者认可。

（2）红星公司于2019年3月1日借入2 000万元、年利率为8%的专门借款，用于已开工建设并预计于2020年末完工的新生产线。红星公司无其他带息债务。因红星公司与施工方对工程质量存在纠纷，该工程于2019年4月1日至2019年7月31日中断。

（3）2019年8月，出现消费者服用B产品过敏、轻度中毒反应且被省电视台曝光，红星公司被起诉，要求赔偿损失100万元，截至2019年12月31日法院尚未作出终审判决，但是很可能赔偿100万元。同时该事件导致消费者拒绝购买B产品。

（4）红星公司租用丙公司独立仓库储存部分产成品。2019年12月31日，该部分产成品的账面价值为300万元。红星公司与丙公司在年末对账时发现80万元的差异，丙公司解释，该差异是由于红星公司客户于2019年12月30日已提货，而相关单据尚未传至红星公司所致。

（5）与以前年度相比，红星公司2019年度固定资产未大幅变动，与折旧相关的会计政策和会计估计未发生变更。

（6）为应对市场竞争，实现年初确定的销售目标，红星公司于2019年10月份降低了赊销门槛，放宽对部分客户的信用标准，发展了一批中、小企业客户。

（7）红星公司2019年度从银行取得1 000万元1年期借款，用于开发无形资产，预期

2020 年 10 月份可能开始小规模生产，至 2019 年底处于研究阶段。

（8）红星公司董事会 2019 年末通过决议，拟按照环保部门治理雾霾的强制性要求于 2020 年年初提前淘汰高污染生产设备。

资料二：

Z 注册会计师在审计工作底稿中记录了红星公司财务数据，部分内容摘录如下：

单位：万元

| 项目 | 2019 年（未审数） | | 2018 年（已审数） | |
|---|---|---|---|---|
| | A 产品 | B 产品 | A 产品 | B 产品 |
| 营业收入 | 1 000 | 1 500 | 900 | 0 |
| 营业成本 | 900 | 800 | 800 | 0 |
| 存货跌价准备 | 0 | 0 | 0 | 0 |
| 应收账款 | | | | |
| 应收账款账面余额 | 600 | | 650 | |
| 减：坏账准备 | 60 | | 65 | |
| 应收账款账面价值 | 540 | | 585 | |
| 预计负债 | 0 | 0 | 0 | 0 |
| 资产减值损失 | 0 | 0 | 0 | 0 |
| 固定资产—累计折旧 | 800 | | 1 200 | |
| 固定资产减值准备 | 0 | | 0 | |
| 在建工程—借款利息 | 80 | | 0 | |
| 管理费用 | 1 960 | | 950 | |
| 财务费用 | 530 | | 640 | |

资料三：

Z 注册会计师对红星公司的相关内部控制实施测试，并在审计工作底稿中记录了测试情况，部分内容摘录如下：

（1）注册会计师观察了结算部门人员根据发货单在系统中开具发票的过程，并从 2019 年度主营业务收入明细账中选取销售记录实施测试，未发现异常。

（2）注册会计师询问每周进行采购订单、请购单的相关处理，红星公司员工 E 负责系统信息处理，F 负责核对，F 表示每期均按照要求进行核对，但如果 F 由于休假或请假，则会请 E 代为核对。应注册会计师要求，F 生成了一个 2019 年度采购订单、请购单核对表，未发现异常。

（3）在抽样追踪 2019 年度 11 月 20 个主要产品的主营业务成本在系统中的结转过程时，注意到有 8 笔主营业务成本的金额存在手工录入修改痕迹。财务人员解释，由于新系统的相关数据模块运行不稳定，部分产品的加权平均单位成本的运算结果有时存在误差，因此采用手工录入方式予以修正，并且只有财务经理有权在系统中录入修正信息。审计检查了相关样本的手工修正后产品加权平均单位成本，没有发现差异。

（4）注册会计师利用抽样技术，抽取若干份不良存货明细表，检查是否附有支持性文件，询问采购和销售经理如何分析存货的可变现净值，检查会计主管对存货跌价准备计提的账务处理和披露是否恰当。检查过程中没有发现异常。

资料四：

Z注册会计师在审计工作底稿中记录了实施的实质性程序，部分内容摘录如下：

（1）为测试收入确认，Z注册会计师从收入明细表中选取交易，将账簿记录与销售合同、销售单以及销售发票进行核对。由于没有发现差异，Z注册会计师认为没有必要实施其他实质性程序。

（2）针对红星公司适用车厢存储、运输某种存货这一特殊情况，项目组成员在监盘过程中先后两次清点了存货场地上车厢的数量，记录在审计工作底稿中，并与管理层提供的存货盘点记录进行核对，以确定红星公司期末存货记录是否准确地反映了该种存货的实际盘点结果。

（3）Z注册会计师根据对管理层凌驾于内部控制之上的风险评估结果，确定测试会计分录的范围：对于评估结果为高风险的领域，测试整个会计期间的会计分录和其他调整；对于评估为风险较低的领域，选择红星公司在报告期末作出的会计分录和其他调整进行测试。

资料五：

Z注册会计师在审计过程中识别并累积了3笔错报，并认为这些错报均不重大，同意管理层不予调整。在不考虑其他资料下，假定该公司本年度利润总额为75万元，红星公司2019年度未更正错报列示如下（不考虑税务影响）：

（1）将2020年度10万元管理费用计入2019年度；

（2）当期提前确认2020年度的销售收入100万元，同时结转销售成本60万元；

（3）少计提固定资产减值准备50万元。

资料六：

红星公司为戊公司向银行借款1 000万元提供担保。2019年10月，戊公司因经营严重亏损，进行破产清算，无力偿还已到期的该笔银行借款。贷款银行因此向法院起诉，要求红星公司承担连带偿还责任，支付借款本息1 200万元。2020年1月20日，法院终审判决贷款银行胜诉，由红星公司支付借款本息1 200万元，并于2020年1月28日执行完毕。考虑到戊公司已宣告破产清算，无法向其追偿债务，红星公司在2019年度做了如下会计处理：借记“营业外支出”1 200万元，贷记“其他应付款”1 200万元。这一事项使得红星公司2019年年末的营运资金和2020年1月的经营活动产生的现金流量净额均出现负数。针对可能导致对持续经营能力产生重大疑虑的上述事项，红星公司披露了拟采取的改善措施。A和B注册会计师实施了必要的审计程序，认为红星公司编制2019年度财务报表所依据的持续经营假设是合理的，但持续经营能力仍存在重大不确定性。

要求：

1. 针对资料一第（1）至（8）项，结合资料二，假定不考虑其他条件，逐项指出资料一所列事项是否可能表明存在重大错报风险。如果认为存在重大错报风险，简要说明理由，并说明该风险主要与哪些财务报表项目（仅限于营业收入、营业成本、存货、预计负债、资产减值损失、应收账款、固定资产、财务费用）的哪些认定相关。

2. 针对资料三第（1）至（4）项，假定不考虑其他条件，请逐项指出上述测试结果是否表明相关内部控制得到有效执行，如果表明相关内部控制未能得到有效执行，请简要说明理由。

3. 针对资料四第（1）至（3）项，假定不考虑其他条件，逐项指出资料四所列实质性程序是否恰当。如不恰当，简要说明理由。

4. 针对资料五，运用重要性水平，假定不考虑其他条件，指出 Z 注册会计师的判断存在哪些不当之处，并简要说明理由。

5. 针对资料六，假定不考虑其他因素，代 Z 注册会计师判断应出具何种类型的审计报告，并编写审计报告（仅写“一、对财务报表出具的审计报告”段的内容，不包括责任段）。

# 2020年注册会计师全国统一考试
# 《审计》全真模拟试题（七）参考答案及解析

## 一、单项选择题

1. 答案：A

解析：选项B、C，计算机辅助技术有助于详细审计海量的数据，对于少量的数据不能体现其优势。选项D，确定控制的偏差涉及人为判断，不属于计算机辅助技术的优势。

2. 答案：B

解析：确定重要性需要运用职业判断。通常先选定一个基准，再乘以某一百分比作为财务报表整体的重要性，选项A需要；审计工作底稿的归档期限为审计报告日后60天内，选项B不需要；确定是否利用被审计单位的内部审计工作应当评价内部审计人员的客观性、专业胜任能力、是否采用系统规范的方法，而在这一过程需要运用职业判断，选项C需要；不管统计抽样还是非统计抽样，两种方法都要求要求注册会师在设计、选取和评价样本时运用职业判断，选项D需要。

3. 答案：B

解析：选项B不正确。注册会计师在本期审计业务开始时应当开展下列初步业务活动：一是针对保持客户关系和具体审计业务实施相应的质量控制程序；二是评价遵守相关职业道德要求的。

4. 答案：D

解析：选项A，鉴证业务包括审计业务、审阅业务，审阅业务提供的是有限保证；选项B、C不属于鉴证业务，没有保证程度这一说。

5. 答案：D

解析：执行财务报表审计工作时，注册会计师的总体目标是：一是对财务报表整体是否不存在由于舞弊或错误导致的重大错报获取合理保证，使得注册会计师能够对财务报表是否在所有重大方面按照适用的财务报告编制基础发表审计意见；二是按照审计准则的规定，根据审计结果对财务报表出具审计报告，并与管理层和治理层沟通。

6. 答案：C

解析：选项A、B不正确，因为本题题干讨论的是“实质性程序与评估的认定层次重大错报风险之间的关系”。选项D不正确，对于重大余额的实质性程序不一定采用函证程序。

选项 C 正确，无论注册会计师评估的重大错报风险结果如何，均应当对所有重大的各类交易、账户余额和披露设计实施实质性程序。

7. 答案：A

解析：审计工作底稿的归档期限为审计报告日后 60 天内。如果注册会计师未能完成审计业务，审计工作底稿的归档期限为审计业务终止后的 60 天内。选项 A 正确。

8. 答案：C

解析：注册会计师需要获取的审计证据的数量受审计证据质量的影响。审计证据质量越高，需要的审计证据数量可能越少。也就是说，审计证据的适当性会影响审计证据的充分性。但如果审计证据的质量存在缺陷，那么注册会计师仅靠获取更多的审计证据可能无法弥补其质量上的缺陷。选项 C 错误。

9. 答案：D

解析：注册会计师应当设计和实施审计程序，获取充分、适当的审计证据，以确定所有在财务报表日至审计报告日之间发生的、需要在财务报表中调整或披露的事项均已得到识别。

10. 答案：D

解析：财务报表使用者作出明智投资和信托决策需要的信息，与他们从审计报告和已审计财务报表中得到的信息之间存在着的较大差距。

11. 答案：B

解析：选项 B 正确，如果集团项目组计划仅在集团层面对某些组成部分实施分析程序，就无需了解这些组成部分注册会计师。

12. 答案：A

解析：书面声明本身并不为所涉及的任何事项提供充分适当的审计证据，选项 A 错误。

13. 答案：C

解析：《中国注册会计师审计准则》1401 号第 24 条。

14. 答案：D

解析：选项 A，注册会计师应当将询问与其他审计程序结合使用；选项 B，检查程序适用于留下轨迹的内部控制测试；选项 C，通常重新执行程序适用于对人工控制的测试。

15. 答案：C

解析：控制环境要素包括：对诚信和道德价值观的沟通与落实、对胜任能力的重视、治理层的参与程度、管理层的理念和经营风格、组织结构及职权与责任的分配以及人力资源政策与实务。选项 C 属于控制要素中控制监督的内容。

16. 答案：B

解析：项目合伙人复核的只是对关键领域所作的判断，选项 B 错误。

17. 答案：A

解析：本题考查注册会计师直接与治理层沟通的内容。根据《与治理层沟通的审计准则》，注册会计师对“计划的审计范围和时间”沟通，应当考虑：（1）拟如何应对由于舞弊或错误导致的重大错报风险；（2）对与审计相关的内部控制采取的方案；（3）重要性的概念；（4）审计业务受到的限制或法律法规对审计业务的特定要求；（5）与治理层商定的沟通事项的性质。可见，选项 A 属于不宜沟通事项。

18. 答案：D

解析：选项A、C均属于事前控制，属于预防性控制。选项D财务经理复核会计编制的银行存款余额调节表，属于事后控制，因此是检查性控制。

19. 答案：A

解析：注册会计师可以将可能影响内部审计工作的重大事项告知内部审计人员。

20. 答案：D

解析：选项D属于应对舞弊的总体应对措施。

21. 答案：A

解析：在识别重要账户、列报及其相关认定时，注册会计师应当确定重大错报的可能来源。注册会计师可以通过考虑在特定的重要账户或列报中错报可能发生的领域和原因，确定重大错报的可能来源。

22. 答案：B

解析：如果管理层选择带有乐观或悲观倾向的点估计，才属于存在管理层偏向迹象的会计估计。

23. 答案：C

解析：如果被审计单位具有盈利经营的记录并很容易获得财务支持，管理层可能不需要进行详细分析就能作出评估，但仍需要对持续经营能力作出评估，故选项A错误；做出管理层对持续经营能力的合理评估期间为自财务报表日起12个月，故选项B错误；注册会计师应当考虑管理层对相关事项或情况结果的预测所依据的假设是否合理，故选项D错误。

24. 答案：C

解析：如果注册会计师计划依赖自动控制或自动信息系统生成的信息，那么就需要适当扩大信息技术审计的范围。因此被审计单位对信息技术的运用影响注册会计师需要获取的审计证据的数量。

25. 答案：B

解析：在财务报表报出后，如果知悉了某事实，且若在审计报告日知悉可能导致修改审计报告，注册会计师有责任采取以下措施：（1）与管理层和治理层（如适用）讨论该事项；（2）确定财务报表是否需要修改；（3）如果需要修改，询问管理层将如何在财务报表中处理该事项。

## 二、多项选择题

1. 答案：BC

解析：《中国注册会计师审计准则》1401号第7条。

2. 答案：ABCD

解析：错报可能来源于以下事项：（1）收集或处理用以编制财务报表的数据时出现的错误；（2）遗漏某项金额或披露，包括不充分或不完整的披露以及为满足特定财务报告编制基础的披露目标而被要求作出的披露（如适用）；（3）由于疏忽或明显误解有关事实导致作出不正确的会计估计；（4）注册会计师认为管理层对会计估计作出不合理的判断或对会计政策作出不恰当的选择和运用；（5）信息的分类、汇总或分解不恰当。

3. 答案：ABD

解析：在财务报表审计中，注册会计师应当了解内部控制，并在必要时测试内部控制。

4. 答案：ABD

解析：注册会计师签署审计报告的日期通常与管理层签署已审计财务报表的日期为同一天，也可以晚于管理层签署已审计财务报表的日期，选项 C 不正确。

5. 答案：AC

解析：书面声明的日期应当尽量接近对财务报表出具审计报告的日期，但不得在审计报告日后，选项 A 正确，选项 B、D 错误；在某些情况下，在审计过程中获取有关财务报表特定认定的书面声明可能是适当的，此时，可能有必要要求管理层更新书面声明，选项 C 正确。

6. 答案：ABD

解析：选项 A 错误，有些关联方交易是在正常经营过程中发生的，可能并不具有更高的财务报表重大错报风险；选项 B 错误，了解内控是必须实施的程序；选项 D 不正确，应当评价超出正常经营过程的重大关联方交易的商业理由，并不是所有的关联方交易。

7. 答案：BD

解析：《中国注册会计师审计准则》1323 号第 11 条。

8. 答案：AB

解析：选项 C、D 均属于检查性控制。

9. 答案：ABD

解析：选项 C，估值专家的评估报告最终版本，属于最新获取的审计证据，不属于事务性变动。

10. 答案：BCD

解析：《中国注册会计师审计准则》1323 号第 16 条。

## 三、简答题

1. 答案：

（1）注册会计师确定管理费用账户属于重要账户，并确定“发生”和“完整性”为该重要账户的相关认定。

（2）综合对定量因素（例如，固定资产余额并非显著高于财务报表整体重要性，并且固定资产的增加或减少并不重大）和定性因素（例如，固定资产没有减值迹象，以前年度未发现与固定资产相关的控制缺陷，并且 A 公司的控制环境较好）的分析，注册会计师确定固定资产账户不属于重要账户。

（3）尽管定期存款的重大错报风险为低水平，但由于该账户金额远远超过财务报表整体重要性，注册会计师仍将其确定为重要账户，并确定“存在”“计价和分摊”“完整性”为该重要账户的相关认定。

（4）注册会计师确定商誉属于重要账户，相关认定为“计价”“列报”与“披露”。

解析：参见《企业内部控制审计指引》（财会〔2010〕11 号）及应用指南。

2. 答案：

（1）了解内部控制，包括评价控制的设计，并确定其是否得到执行，不包括对控制是否得到一贯执行的测试。其中，评价控制的设计，涉及考虑该控制单独或连同其他控制是否能够有效防止或发现并纠正重大错报，而控制得到执行是指某项控制存在且被审计单位正在使用。

注册会计师通常实施下列风险评估程序，以获取有关控制设计和执行的审计证据：①询问被审计单位人员；②观察特定控制的运用；③检查文件和报告；④追踪交易在财务报告信息系统中的处理过程（穿行测试）。

在了解内部控制时，只是评价内部控制设计得是否合理，并且是否在运行，至于运行的有效性是控制测试的事情，了解内部控制并不关心这个问题。比如了解赊销审批的内部控制，只是看设计得如何，以及销售单上是否有签字授权，至于是谁签的字以及是否符合审批制度是控制测试的事情。

了解内部控制之后要对内部控制进行评价，以决定是否执行控制测试。评价的结论：①内部控制设计合理，且正在执行。这种情况预期控制运行有效，拟做控制测试；②内部控制本身设计合理，但并没有执行。这种情况不做控制测试；③内部控制本身设计不合理。这种情况属于内部控制本身设计存在缺陷，不需考虑是否正在执行，不需要做控制测试。比如信用管理部门设立在销售部门下就属于该种情况。

（2）控制测试是指用于评价内部控制在防止或发现并纠正认定层次重大错报方面的运行有效性的审计程序。控制测试并非在任何情况下都需要实施。当存在下列情形之一时，注册会计师应当实施控制测试：①在评估认定层次重大错报风险时，预期控制的运行是有效的；②仅实施实质性程序并不能够提供认定层次充分、适当的审计证据。

在测试控制运行的有效性时，注册会计师应当从下列方面获取关于控制是否有效运行的审计证据：①控制在所审计期间的相关时点是如何运行的；②控制是否得到一贯执行；③控制由谁或以何种方式执行。

在了解控制是否得到执行时，注册会计师只需抽取少量的交易进行检查或观察某几个时点。但在测试控制运行的有效性时，注册会计师需要抽取足够数量的交易进行检查或对多个不同时点进行观察。

控制测试是针对被审计单位设计的内部控制而执行的程序，也就是被审计单位如何设计的内部控制，注册会计师就针对该规定实施控制测试。比如被审计单位的内部控制规定销售交易在发货前客户的赊购已经被授权批准。注册会计师就要针对该规定检查销售单是否经过授权批准，包括签字的人是否是信用管理部门经理以及是否超过授权额度。再如，被审计单位的内部控制规定发运凭证均经事先编号并已经登记入账，注册会计师就要检查发运凭证是否经连续编号，包括是否有缺号及重号。

两者的区别与联系：

区别：

①程序所属的类型不同：了解内部控制属于风险评估程序，控制测试属于进一步审计程序。

②目的不同：了解的目的是评价控制的设计、确定控制是否执行，控制测试的目的是评价控制的执行效果。

③程序有所不同：了解内部控制一般采用穿行测试，而控制测试一般需要重新执行。

④必要性不同：了解内部控制是必要程序，而控制测试是有条件程序，不是必要程序。

⑤程序的范围不同：在了解控制是否得到执行时，只需抽取少量交易检查或观察某几个时点。测试控制运行的有效性时，需要抽取足够数量的交易检查或对多个不同时点观察。

联系：

①虽然控制测试与了解内部控制的目的不同，但两者采用审计程序的类型通常相同，一般包括询问、观察、检查和重新执行等。

②如果存在某些可以使控制得到一贯运行的自动化控制，注册会计师对控制的了解可以替代测试控制运行的有效性（如果是人工控制的话就不能替代）。

3. 答案：

（1）不恰当。出纳员应于每日对库存现金自行盘点，编制现金报表，计算当日现金收入、支出及结余额，并将结余额与实际库存额进行核对，如有差异及时查明原因。

（2）不恰当。每月末，会计主管指定出纳员以外的人员对现金进行盘点，而不是由出纳员进行现金盘点。

（3）不恰当。根据规定，单位对于重要货币资金支付业务，应当实行集体决策和审批。对于大额的资金支出，超过特定金额的应通过集体决策和审批而不应由财务经理一人审批决策。

（4）不恰当。A 注册会计师应组织同时监盘两个营业部的库存现金，若不能同时监盘，则应对后监盘的库存现金实施封存。

（5）恰当。

（6）不恰当。库存现金盘点操作程序不当。库存现金应由出纳盘点，注册会计师监盘。“库存现金监盘表”应由公司相关人员和注册会计师共同签字。

4. 答案：

（1）不恰当。注册会计师复核上期财务报表中会计估计的结果，是为了识别和评估本期会计估计重大错报风险而执行的风险评估程序，目的不是质疑上期依据当时可获得的信息而作出的判断。

No/Inappropriate. The auditor's review of the outcome of accounting estimates included in the prior period financial statements is a risk assessment procedure to identify and assess risk of material misstatement of accounting estimates made in the current period financial statements. It is not intended to call into question the judgments made in the prior periods that were based on information available at the time.

解析：《审计》第十七章 其他特殊项目的审计。

（2）恰当。

Yes/Appropriate.

解析：参见《审计》教材。

（3）不恰当。即使不存在特别风险，注册会计师亦应了解相关控制。

No/Inappropriate. The auditor shall understand relevant controls even though there is no significant risk.

解析：参见《审计》教材。

（4）不恰当。根据审计项目组的区间估计，只能得出错报不小于 50 万元的结论，并不能确定就是50万元。该错报是判断错报，不是事实错报。

No/Inappropriate. Based on the auditor's range, the auditor can conclude that the misstatement is no less than 500 000, but cannot conclude that the misstatement is 500 000. It is a judgmental misstatement, not a factual misstatement.

解析：参见《审计》教材。

（5）不恰当。管理层变更折旧年限的理由不合理。

No/Inappropriate. The rationale of changing the depreciation period is not reasonable.

解析：参见《审计》教材。

（6）恰当。

Yes/Appropriate.

解析：参见《审计》教材。

5. 答案：

（1）违反。A注册会计师不应参与甲公司审计/A注册会计师的妻子不得以任何形式/通过员工股票期权计划拥有甲公司的直接经济利益，否则将因自身利益对独立性产生严重不利影响。

（2）违反。B注册会计师在冷却期不应参与甲公司的审计业务，否则将因密切关系或自身利益对独立性产生严重不利影响。

（3）违反。审计项目组前任合伙人担任审计客户的重要职位且与事务所保持重要联系，将因密切关系、自身利益或外在压力产生非常严重的不利影响。

（4）不违反。审计项目成员从银行审计客户取得贷款，或由审计客户提供贷款担保，如果按照正常的程序、条款和条件取得贷款，则不会对独立性产生不利影响。

（5）违反。ABC会计师事务所的网络所负责向治理层汇报内审工作结果，承担了管理层职责，将因自我评价对独立性产生不利影响。

（6）违反。会计师事务所的网络所推广客户的产品或服务，会计师事务所不得介入此类商业关系。

6. 答案：

（1）

摘录（1）：存在缺陷：对于赊销给新客户的产品的业务，销售经理要对客户背景进行调查，但不能由其批准赊销。

建议：由销售经理进行调查后将相关资料交至信用管理部门，由信用管理经理签字是否同意赊销，如果赊销金额高于一定标准，需要进行集体决策。

摘录（2）：存在缺陷：出纳编制银行存款余额调节表，不相容职务未分离。

建议：银行存款余额调节表由出纳以外的会计人员编制。

摘录（3）：存在缺陷：X公司由财务部门审核费用报销单，至多能控制开支的合法性，但无法控制超限额报销的问题。

建议：费用报销单由各部门分管财务的主管签字，然后到财务部办理。财务经理只负责是否准予支付。财务主管在批准支付后，还应由其他财务人员进行复核，才能交由出纳员办理支付。

摘录（4）：存在缺陷：企业应收票据的取得和贴现由保管票据的主管人员书面批准不

正确，没有做到职责分离。

建议：企业应收票据的取得和贴现必须由保管票据以外的主管人员书面批准。

摘录（5）：存在缺陷：会计主管并不编制应收账款的可收回性分析报告。

建议：由销售经理编制应收账款的可收回性报告，交至财务部门进行复核。

（2）

| 摘录 | 内部控制是否存在缺陷 | 缺陷影响的财务报表项目 | 涉及的相关认定 |
|---|---|---|---|
| （1） | 是 | 营业收入、应收账款 | 发生、存在 |
| （2） | 是 | 货币资金 | 存在、完整性、计价和分摊 |
| （3） | 是 | 管理费用 | 发生、准确性 |
| （4） | 是 | 应收票据 | 存在、计价和分摊 |
| （5） | 是 | 应收账款 | 计价和分摊 |

## 四、综合题

答案：

1.

单位：万元

| 事项序号 | 是否可能表明存在重大错报风险（是/否） | 理由 | 财务报表项目名称及认定 |
|---|---|---|---|
| （1） | 是 | 2019年度A产品的毛利率与2018年度相比基本没有变化，A产品毛利率为10%，B产品售价高于A产品20%，成本与A产品基本接近，B产品的毛利率应为25%左右，而测算B产品毛利率为46.67%，且B产品市场销量不好，而营业收入高于A产品，存在多计营业收入或少计营业成本的风险。 | 营业收入：发生<br>应收账款：存在<br>营业成本：完整性<br>存货：存在 |
| （2） | 否 | | |
| （3） | 是 | 2019年该诉讼案件很可能承担赔偿责任，且B产品存在滞销的可能性，存在少计预计负债、少计存跌价准备、少计资产减值损失的风险。 | 预计负债：完整性<br>存货：准确性、计价和分摊<br>资产减值损失：完整性 |
| （4） | 是 | 存货对账差异可能表明存在收入截止错误。 | 营业收入：截止、完整性<br>营业成本：截止、完整性<br>应收账款：完整性<br>存货：存在 |
| （5） | 是 | 其他因素没有明显变化的情况下，折旧费明显下降表明可能存在错报。 | 固定资产：准确性、计价和分摊<br>存货：准确性、计价和分摊<br>营业成本：准确性 |
| （6） | 是 | 放宽对客户信用标准可能导致坏账损失的增加，但资料二显示红星公司2019年末坏账准备占应收账款比例与上年末相同，可能存在少提坏账准备的风险。 | 应收账款：准确性、计价和分摊<br>资产减值损失：完整性 |

续表

| 事项序号 | 是否可能表明存在重大错报风险（是/否） | 理由 | 财务报表项目名称及认定 |
| --- | --- | --- | --- |
| （7） | 是 | 为开发无形资产借款 1 000 万元可能导致 2019 年管理费用大幅增加，同时导致财务费用上升。资料二表明 2019 年度财务费用反而下降。可能存在低估财务费用的风险。 | 财务费用：完整性 |
| （8） | 是 | 提前淘汰生产设备可能导致固定资产在 2020 年初发生大额减值，但资料二表明红星公司没有固定资产计提减值准备。可能存在未提减值准备的风险。 | 固定资产：准确性、计价和分摊<br>资产减值损失：完整性 |

2.

（1）有效。

（2）无效，在复核人员休息时，核对工作由编制人员负责，存在不相容岗位混岗现象。

（3）无效，自动控制的系统模块存在缺陷，需要手工调整的介入，财务经理有权直接输入，无人核对，产生直接篡改数据而凌驾于账户记录控制之上的风险。

（4）有效。

3.

（1）不恰当，还应当将账簿记录与发运凭证进行核对。

（2）不恰当，应当打开车厢查看，详细列出存货场地上满载和空载的车厢，并记录各自的存货状况。

（3）不恰当，无论对管理层凌驾于控制之上的风险评估结果如何，都应当选择在报告期末作出的会计分录和其他调整测试。

4.

（1）对第（1）项未更正错报的判断不当。注册会计师需要考虑每一单项错报，以评价其对相关类别交易、账户余额或披露的影响，不能以抵销后的影响评估错报是否重大。

（2）对第（2）项未更正错报，虽然与重要性水平数值相等，注册会计师仍应当重点关注该错报单独或汇总起来对账务报表使用者决策产生影响。

（3）对第（3）项未更正错报汇总影响的决断不当。在假定利润总额为 75 万元前提下，汇总错报修改后将导致企业由盈利转为亏损。

5. 注册会计师应当发表带与持续经营相关的重大不确定性段落的无保留意见的审计报告。

审计报告内容编写如下：

红星股份有限公司全体股东：

对财务报表出具的审计报告

（一）审计意见

我们审计了红星股份有限公司（以下简称“红星公司”）财务报表，包括 2019 年 12 月 31 日的资产负债表，2019 年度的利润表、现金流量表、股东权益变动表以及相关财务报表附注。

我们认为，后附的财务报表在所有重大方面按照企业会计准则的规定编制，公允反映了红星公司 2019 年 12 月 31 日的财务状况以及 2019 年度的经营成果和现金流量。

（二）形成审计意见的基础

我们按照中国注册会计师审计准则的规定执行了审计工作。审计报告的“注册会计师对财务报表审计的责任”部分进一步阐述了我们在这些准则下的责任。按照中国注册会计师职业道德守则，我们独立于红星公司，并履行了职业道德方面的其他责任。我们相信，我们获取的审计证据是充分、适当的，为发表审计意见提供了基础。

（三）与持续经营相关的重大不确定性

我们提醒财务报表使用者关注，如财务报表附注×所述，红星公司为戊公司向银行借款1 000万元提供了信用担保。因戊公司未能偿还到期债务，银行起诉红星公司承担连带责任，考虑到戊公司已宣告破产清算，无法向其追偿债务。红星公司已在财务报表附注×中充分披露了拟采取的改善措施，但其持续经营能力仍然存在重大不确定性。本段内容并不影响已发表的审计意见。

# 2020年注册会计师全国统一考试
# 《审计》全真模拟试题（八）

**一、单项选择题**（本题型共25小题，每小题1分，共25分。每小题只有一个正确答案，请从每小题的备选答案中选出一个你认为正确的答案，用鼠标点击相应的选项。）

1. 下列有关信息技术控制审计的说法中，不正确的是（　　）。

A. 为得到控制是否可依赖的结论，每个自动系统控制要与其对应的手工控制一起测试

B. 一般控制通常会对实现部分或全部财务报表认定作出间接贡献

C. 访问控制必须满足适当的职责分离

D. 一般控制要经过输入、处理、输出等环节

2. 下列审计程序中，与应收账款的准确性、计价和分摊认定相关的有（　　）。

A. 分析应收账款账龄，确定坏账准备计提是否适当

B. 选取发票，追查至发运凭证和银行日记账、应收账款明细账

C. 检查销售发票、发运单是否连续编号

D. 以应收账款明细账为起点，检查合同，确定是否已贴现、出售或质押

3. 下列审计程序中，不适用于细节测试的是（　　）。

A. 函证　　　　B. 检查

C. 询问　　　　D. 重新执行

4. 下列有关审计报告日的说法中，错误的是（　　）。

A. 审计报告日不应早于管理层书面声明的日期

B. 审计报告日可以晚于管理层签署已审计财务报表的日期

C. 审计报告日应当是注册会计师获取充分、适当的审计证据，并在此基础上对财务报表形成审计意见的日期

D. 在特殊情况下，注册会计师可以出具双重日期的审计报告

5. 注册会计师在检查被审计单位2019年12月31日的银行存款余额调节表时发现下列调节事项，其中有迹象表明性质或范围不合理的是（　　）。

A. "银行已收、企业未收"项目包含一项2019年12月31日到账的应收账款，被审计单位尚未收到银行的收款通知

B. "企业已付、银行未付"项目包含一项被审计单位于2019年12月31日提交的转账

支付申请，用于支付被审计单位2019年12月的电费

C. “企业已收、银行未收”项目包含一项2019年12月30日收到的退货款，被审计单位已将供应商提供的支票提交银行

D. “银行已付、企业未付”项目包含一项2019年11月支付的销售返利，该笔付款已经总经理授权，但由于经办人员未提供相关单据，会计部门尚未入账

6. 针对注册会计师实施的初步业务活动，以下说法中，错误的是（　　）。

A. 针对保持客户关系和具体审计业务实施相应的质量控制程序，并根据实施相应程序的结果作出适当的决策是注册会计师控制审计风险的重要环节

B. 评价遵守相关职业道德要求和质量控制程序往往安排在其他审计工作之前

C. 注册会计师在审计业务开始后，需要与被审计单位就业务约定条款达成一致意见

D. 注册会计师在作出接受客户关系及具体审计业务决策后，在审计业务开始前，需要与被审计单位就业务约定条款达成一致意见，签订审计业务约定书

7. 为防止治理层未经注册会计师允许将书面沟通文件提供给第三方，注册会计师应当在书面沟通文件中声明的内容不包括（　　）。

A. 未经注册会计师事先书面同意，沟通文件不得被引用、提及或向其他人披露

B. 注册会计师对第三方不承担责任

C. 要对社会公众、客户承担责任

D. 书面沟通文件仅供治理层使用，如果被审计单位是集团的组成部分，也可供集团管理层和负责集团审计的注册会计师使用

8. 下列各项措施中，不能应对财务报表层次重大错报风险的是（　　）。

A. 扩大控制测试的范围

B. 在期末而非期中实施更多的审计程序

C. 增加审计程序的不可预见性

D. 增加拟纳入审计范围的经营地点的数量

9. 在存货盘点现场实施监盘时，下列不属于注册会计师应实施的审计程序的是（　　）。

A. 检查存货

B. 盘点存货

C. 执行抽盘

D. 观察管理层制定的盘点程序的执行情况

10. 下列关于与治理层沟通的形式的相关说法中，正确的是（　　）。

A. 有效的沟通可能包括结构化的陈述、书面讨论以及不太正式的沟通，但不包括讨论

B. 如果已就某重大事项与治理层的个别成员（如审计委员会主席）讨论，注册会计师应当在随后的沟通中陈述该事项，以便治理层的所有成员获取完整和对称的信息

C. 审计中发现的重大问题可能以口头形式与治理层沟通

D. 对于审计准则要求的与治理层沟通的所有事项均应采用书面形式进行沟通

11. 下列有关审计证据可靠性的说法中，正确的是（　　）。

A. 可靠的审计证据是高质量的审计证据

B. 审计证据的充分性影响审计证据的可靠性

C. 内部控制薄弱时内部生成的审计证据是不可靠的

D. 从独立的外部来源获得的审计证据可能是不可靠的

12. 下列关于函证的说法中，正确的是（　　）。

A. 如果银行存款余额较小，那么注册会计师可以不对该账户余额函证

B. 注册会计师通常在资产负债表日函证资产负债表日的应收账款

C. 当被询证者通过电子邮件回函时，注册会计师可以通过电话联系被询证者，确定被询证者是否发送了回函及金额是否正确。必要时，注册会计师可以要求被询证者提供回函原件

D. 对于不存在大量错误的，注册会计师可以考虑采用消极的函证方式

13. A 注册会计师获取的甲公司管理层声明通常不需要包括的内容是（　　）。

A. 甲公司战略目标的可实现性

B. 管理层对财务报表的责任

C. 甲公司提供的董事会会议记录的完整性

D. 公允价值计量和披露中涉及的重大假设的合理性

14. 如果注册会计师已获取有关控制在期中运行有效的审计证据，下列有关剩余期间补充证据的说法中，错误的是（　　）。

A. 注册会计师可以通过测试被审计单位对控制的监督，将控制在期中运行有效的审计证据合理延伸至期末

B. 被审计单位的控制环境越有效，注册会计师需要获取的剩余期间的补充证据越少

C. 如果控制在剩余期间发生了变化，注册会计师可以通过实施穿行测试，将期中获取的审计证据合理延伸至期末

D. 注册会计师在信赖控制的基础上拟减少的实质性程序的范围越大，注册会计师需要获取的剩余期间的补充证据越多

15. 下列情形中，通常表明存在财务报表层次的重大错报风险的是（　　）。

A. 被审计单位从事复杂的金融工具投资

B. 被审计单位的竞争者开发的新产品上市

C. 被审计单位存在重大的关联方交易

D. 被审计单位资产的流动性出现问题

16. 下列属于仅通过实质性程序无法应对的重大错报风险的是（　　）。

A. 被审计单位对日常交易采用高度自动化处理

B. 被审计单位对日常交易采用人工处理

C. 认为仅通过实质性程序获取的审计证据无法将财务报表层次的重大错报风险降至可接受的低水平

D. 认为仅通过控制测试程序获取的审计证据无法将认定层次的重大错报风险降至可接受的低水平

17. 了解与特别风险相关的控制，有助于注册会计师制订有效的审计方案予以应对。下列不是注册会计师应考虑与特别风险相关的控制的是（　　）。

A. 作出会计估计所依据的假设由管理层或专家进行复核

B. 重大会计估计结果由治理层批准

C. 数据收集和处理按会计核算软件程序进行

D. 管理层在收到重大诉讼事项的通知时提交适当的专家处理

18. 下列有关后任注册会计师的说法中，错误的是（　　）。

A. 当会计师事务所发生变更时，正在考虑接受委托的会计师事务所是后任注册会计师

B. 当会计师事务所发生变更时，已经接受委托的会计师事务所是后任注册会计师

C. 被审计单位的财务报表已经审计但需要重新审计时，接受委托执行重新审计的会计师事务所为后任注册会计师

D. 会计师事务所以投标方式承接审计业务时，所有参与投标的会计师事务所均为后任注册会计师

19. 在确定内部审计人员的工作是否足以实现审计目标时，注册会计师通常无需评价的是（　　）。

A. 内部审计的职业怀疑精神

B. 内部审计人员的专业胜任能力

C. 内部审计人员在执行工作时是否可能保持应有的职业关注

D. 内部审计人员和注册会计师之间是否可能进行有效沟通

20. 下列有关书面声明的日期和涵盖期间的说法中，A注册会计师认为错误的是（　　）。

A. 就某些交易获取的单独书面声明可以晚于审计报告日

B. 书面声明应当涵盖审计报告针对的所有财务报表和期间

C. 书面声明的日期应当尽量接近对财务报表出具审计报告的日期

D. 书面声明的日期可以与审计报告日一致

21. 下列关于持续经营审计的说法中，正确的是（　　）。

A. 管理层对持续经营能力的合理评估期间应是自审计报告日起的12个月

B. 管理层拒绝对持续经营能力作出评估或评估期间未能涵盖自财务报表日起12个月，注册会计师应当发表保留意见或无法表示意见

C. 如果被审计单位将不能持续经营，选用其他编制基础编制财务报表，注册会计师应当出具无法表示意见的审计报告

D. 如果评估期间少于审计报告日起的12个月，注册会计师应当提请管理层将评估期间延伸至12个月

22. 下列有关舞弊导致的重大错报风险的说法中，正确的是（　　）。

A. 将被审计单位资产挪为私用，属于编制虚假财务报告的舞弊

B. 使被审计单位对未收到的商品或未接受的劳务付款，属于编制虚假财务报告的舞弊

C. 由于疏忽和误解有关事实而做出不恰当的会计估计属于舞弊行为

D. 注册会计师应当假定收入的确认存在舞弊风险

23. 下列关于影响审计工作底稿的格式、要素和范围的因素的说法中，不正确的是（　　）。

A. 对业务复杂的被审计单位进行审计形成的工作底稿通常比对业务简单的被审计单位进行审计形成的审计工作底稿要多

B. 有关函证程序的审计工作底稿和存货监盘程序的审计工作底稿在内容、格式和范围上是不同的

C. 对于重大错报风险较高的项目形成的审计工作底稿可能记录的内容多且范围广

D. 审计方法和使用的工具不会影响审计工作底稿的格式、内容和范围

24. 针对A集团的组成部分业务信息，如果仅从特别风险角度判断，审计项目组应当评估为重要组成部分的是（　　）。

A. 与集团存在频繁而复杂的关联交易的组成部分

B. 收入约占集团1%的餐饮公司

C. 利润约占集团3%的食品加工企业

D. 资产约占集团2%的旅游公司

25. 下列有关会计估计不确定性的说法中，错误的是（　　）。

A. 会计估计所使用的不可观察输入值越多，估计不确定性越高

B. 会计估计涉及的预测期越长，估计不确定性越高

C. 历史数据用于会计估计时，预测未来事项的相关性越小，估计不确定性越高

D. 会计估计与实际结果之间的差异越大，估计不确定性越高

**二、多项选择题**（本题型共10小题，每小题2分，共20分。每小题均有多个正确答案，请从每小题的备选答案中选出你认为正确的答案，用鼠标点击相应的选项。每小题所有答案选择正确的得分，不答、错答、漏答均不得分。）

1. 下列说法正确的有（　　）。

A. 在识别和评估重大错报风险时，保持职业怀疑有助于注册会计师设计恰当的风险评估程序，有针对性地了解被审计单位及其环境

B. 在设计和实施进一步审计程序应对重大错报风险时，保持职业怀疑有助于注册会计师针对评估出的重大错报风险，恰当设计进一步审计程序的性质、时间安排和范围，降低选取不适当的审计程序的可能性

C. 在评价审计证据时，保持职业怀疑有助于注册会计师评价是否已获取充分、适当的审计证据以及是否还需执行更多的工作

D. 有助于使注册会计师对引起疑虑的情形保持警觉，充分考虑错报发生的可能性和重大程度，有效识别和评估财务报表层次和认定层次的重大错报风险

2. 下列各项中，属于注册会计师编制审计工作底稿的目的的有（　　）。

A. 有助于项目组计划和执行审计工作

B. 便于后任注册会计师的查阅

C. 便于监管机构对会计师事务所实施执业质量检查

D. 保留对未来审计工作连续产生重大影响的事项的记录

3. 在所有财务报表审计业务中，注册会计师都需要专门针对管理层凌驾于控制之上的风险设计和实施会计分录测试。下列会计分录测试的说法中，正确的包括（　　）。

A. 会计分录测试的对象是与被审计财务报表相关的所有会计分录和其他调整，包括编制合并报表时作出的调整分录和抵消分录

B. 对会计分录和其他调整进行恰当的分类，有助于注册会计师选取重大错报风险较高的会计分录和其他调整进行测试，从而能够提高会计分录测试的效率

C. 基于会计分录测试的目的，注册会计师可将被审计单位的会计分录和其他调整分为标准会计分录和非标准会计分录

D. 注册会计师通常可以考虑要求被审计单位提供所需要的电子数据，如果能够以标准

的格式导出、验证并传输所需要的会计分录数据，则可以进一步提高会计分录测试的效率和效果

4. 注册会计师如利用内部审计工作，在评价内部审计客观性时考虑的因素有（　　）。

A. 内部审计的地位

B. 内审人员是否不承担任何相互冲突的责任

C. 内审向谁报告工作

D. 管理层是否对内审施加限制

5. 下列关于注册会计师评估信息系统复杂度的考虑中，正确的有（　　）。

A. 注册会计师对信息系统复杂程度的评估过程包含大量的职业判断

B. 注册会计师对信息系统复杂程度的判断受到所使用系统类型的影响

C. 评估商业软件的复杂程度应考虑系统复杂程度、距离上一次系统架构重大变更的时间等

D. 对于自行研发系统复杂度的评估应当考虑系统复杂程度、系统变更对财务系统的影响结果等

6. 下列关于抽样总体的适当性的表述中，正确的有（　　）。

A. 如果要测试所有发运商品都已开具账单，注册会计师应将已发运的项目作为总体

B. 测试应付账款的低估时，将被审计单位的供应商对账单作为总体

C. 如果要测试现金支付授权控制是否有效运行，应将已授权的项目作为抽样总体

D. 测试应付账款的高估时，将应付账款明细表作为总体

7. 下列有关在实施实质性分析程序时确定可接受差异额的说法中，正确的有（　　）。

A. 评估的重大错报风险越高，可接受差异额越高

B. 需要从实质性分析程序中获取的保证程度越高，可接受差异额越低

C. 确定可接受差异额时，需要考虑一项错报单独或连同其他错报导致财务报表发生重大错报的可能性

D. 重要性通常不影响可接受差异额

8. 下列关于业务质量控制的说法中，不正确的是（　　）。

A. 业务质量控制仅仅适用于会计师事务所执行的财务报表审计业务

B. 会计师事务所的项目经理对质量控制制度承担最终领导责任

C. 会计师事务所的主任会计师对质量控制制度承担最终领导责任

D. 质量控制准则是每个注册会计师都必须遵守的技术标准

9. 事务所的领导层应当树立质量至上的意识。事务所应当通过下列（　　）措施实现质量控制的目标。

A. 合理确定管理责任，以避免重商业利益轻业务质量

B. 建立以质量为导向的业绩评价、薪酬及晋升的政策和程序

C. 遵守相关职业道德要求

D. 投入足够的资源制定和执行质量控制政策和程序，并形成相关文件记录

10. 下列有关利用以前审计获取的有关控制运行有效性的审计证据的说法中，正确的有（　　）。

A. 如果拟信赖以前审计获取的有关控制运行有效性的审计证据，注册会计师应当通过询问程序获取这些控制是否已经发生变化的审计证据

B. 如果拟信赖的控制在本期发生变化，注册会计师应当考虑以前审计获取的有关控制运行有效性的审计证据是否与本期审计相关

C. 如果拟信赖的控制在本期未发生变化，注册会计师可以运用职业判断决定不再本期测试其运行的有效性

D. 如果拟信赖的控制在本期未发生变化，控制应对的重大错报风险越高，本次控制测试与上次控制测试的时间间隔越短

**三、简答题**（本题型共6小题36分。其中一道小题可以选用中文或英文解答，请仔细阅读答题要求。如使用英文解答，须全部使用英文，答题正确的，增加5分。本题型最高得分为41分。）

1. W公司是ABC会计师事务所的常年审计客户，N注册会计师是W公司2019年度财务报表审计业务的项目合伙人。W公司从事制造业，存货占其资产总额的比例很大，有一部分来料加工业务和一些代客户保管的存货。N注册会计师计划于2019年12月31日实施存货监盘程序。N注册会计师编制的存货监盘计划部分内容摘录如下：

（1）公司管理层将以前年度已全额计提跌价准备的存货纳入本年末盘点范围。N注册会计师认可了管理层的做法，在对公司存货实施监盘结束时，注册会计师在检查存货并执行抽盘后结束了现场工作。

（2）N注册会计师在制定监盘计划时，和被审计单位沟通拟检查的范围，在拟检查的存货项目上作出标识，确定检查的重点，方便检查程序正常开展。

（3）存货监盘计划要求，在对存货盘点结果进行测试时，采取从存货盘点记录中选取项目追查至存货实物的方法。

（4）注册会计师评价认为管理层有关存货盘点的指令和程序设计合理，因此在监盘中缩小了抽盘范围。

（5）由于W公司人手不足，审计项目组受托，于2019年12月31日代为盘点东强公司异地专卖店的存货，并将盘点记录作为东强公司的盘点记录和审计项目组的监盘工作底稿。

（6）管理层盘点指令要求，将盘点日前所有已确认为销售但尚未装运出库的商品包括在盘点范围内。

要求：针对上述第（1）至（6）项，逐项指出审计项目组的做法是否恰当。如不恰当，简要说明理由。

2. 上市公司甲公司系ABC会计师事务所的常年审计客户，从事房地产开发业务。XYZ公司是ABC会计师事务所的网络事务所。在对甲公司2019年度财务报表执行审计的过程中存在下列事项：

（1）2019年10月，甲公司收购了乙公司25%的股权，乙公司成为甲公司的重要联营公司。审计项目组经理A注册会计师在收购生效日前一周得知其妻子持有乙公司发行的价值1万元的企业债，承诺将在收购生效日后一个月内出售该债券。

（2）2019年12月，审计项目组成员B注册会计师通过银行按揭，按照市场价格500万元购买了甲公司出售的公寓房一套。

（3）甲公司聘请ABC会计师事务所为其提供税务服务，服务内容为协助整理税务相关资料。ABC会计师事务所委派审计项目组以外的人员提供该服务，不承担管理层职责。

（4）甲公司拟进军新的产业，聘请 XYZ 公司作为财务顾问，为其寻找、识别收购对象。双方约定服务费为 10 万元，该项收费对 ABC 会计师事务所不重大。

（5）甲公司内审部负责对所有子公司的内部控制进行评价。由于缺乏人手，甲公司聘请 XYZ 公司对其中 3 家子公司与财务报告相关的内部控制实施测试，并将结果汇报给甲公司内审部。该 3 家子公司对甲公司不重大。

（6）甲公司的子公司丁公司从事咨询业务。2019 年 2 月，丁公司与 XYZ 公司合资成立了一家咨询公司。

要求：针对上述第（1）至（6）项，逐项指出是否可能存在违反中国注册会计师职业道德守则有关独立性规定的情况，并简要说明理由。将答案直接填入答题区相应的表格内。

| 事项序号 | 是否可能违反（是/否） | 理由 |
| --- | --- | --- |
| （1） | | |
| （2） | | |
| （3） | | |
| （4） | | |
| （5） | | |
| （6） | | |

3. XGM 会计师事务所负责审计金强集团公司 2019 年度财务报表。金强集团由 10 家子公司构成。集团项目组根据其对集团及其环境、集团组成部分及其环境的了解，确定集团财务报表整体重要性水平为 500 万元。在审计工作底稿中记录了集团审计总结，部分内容摘录如下：

（1）G 公司为重要组成部分。集团项目组参与组成部分注册会计师对 G 组成部分财务信息的风险评估程序，与组成部分注册会计师讨论了对集团而言重要的组成部分业务活动。

（2）虽然 I 公司为不重要组成部分，集团项目组发现对重要组成部分财务信息执行的工作，对集团层面控制和合并过程执行的工作以及在集团层面实施的分析程序还不能获取形成集团审计意见所依据的充分、适当的审计证据，因此集团项目组将 I 组成部分财务信息作为扩大审计范围的对象。

（3）E 公司为重要组成部分，2019 年 12 月 1 日，E 组成部分因为产品质量没有达到合同要求而遭到其客户提起的诉讼，要求赔偿其全部货款 310 万元，E 组成部分管理层未在 2019 年 12 月 31 日财务信息中确认可能的预计损失，但在其组成部分财务信息中披露了该重大不确定性，组成部分注册会计师因此对 E 公司出具了带强调事项段的无保留意见审计报告，原因是该赔偿损失对于财务报表整体来说不具有重大影响。集团项目组了解到 E 组成部分注册会计师确定的组成部分重要性为 400 万元，实际执行的重要性为 320 万元，集团项目组接受了组成部分注册会计师的审计结论，拟利用组成部分注册会计师的工作。

（4）J 公司为不重要组成部分，集团项目组发现对重要组成部分财务信息执行的工作、对集团层面控制和合并过程执行的工作以及在集团层面实施的分析程序还不能获取形成集团审计意见所依据的充分、适当的审计证据，因此集团项目组决定对 J 组成部分财务信息实施了审阅。由于针对的是对组成部分财务信息实施审阅而非审计，因此无需考虑使用重要性。

（5）H 公司为重要组成部分，集团项目组针对其对 H 组成部分注册会计师的了解，采取复核H组成部分注册会计师的总体审计策略和具体审计计划等方式，复核H组成部分注册会计师的审计工作底稿的其他相关部分等方式参与H组成部分注册会计师的工作。

（6）F公司为非重要组成部分。集团项目组计划对该组成部分在集团层面实施分析程序，该事项作为与集团治理层沟通事项之一。

要求：针对上述第（1）至（6）项，逐项指出集团项目组的做法是否恰当，并简要说明理由。

4. A注册会计师执行甲公司财务报告审计，财务报表整体重要性确定为1 000万元。在对付款授权进行控制测试时，其中一项程序是检查付款发票是否有适当的审批且有相关的文件对其进行支持这一关键控制，这项控制活动与1 600万元的发票交易相关，选择25笔付款并测试它们是否经过了适当的审批，理想状态下应没有异常。经了解和测试，维修与维护服务环节存在下列补偿性控制：维修与维护服务环节的采购订单审批和发票审批流程中存在权限分离机制，因此采购订单审批和付款发票审批需要多人合作进行（已测试且该控制有效）。对采购订单的审批与政策保持一致（已测试且该控制有效）。每月将实际支出与成本及上季度数据进行对比。对于误差，差异容忍度为100万元，对于差异大于100万元的情况会进行调查（已测试且控制有效）。但测试结果表明有1笔付款（与维修维护相关）未经过授权。

要求：根据以上资料回答下列问题：

（1）发现的缺陷是否与一个或多个财务报表认定直接相关？

（2）该项缺陷是否可能不能防止或发现并纠正财务报表错报？

（3）该项缺陷可能导致财务报表潜在错报的金额大小？

（4）是否存在补偿性控制，并以一定的精确度有效运行，足以防止或发现财务报表重大错报？

（5）该缺陷的重要程度是否足以引起负责监督企业财务报告的相关人员的关注？

5. HBSK会计师事务所担任多家公司2019年财务报表的审计工作，截至审计报告日，汇总的部分导致出具非无保留审计报告的事项如下：

（1）A公司2019年初开始使用新的ERP系统，因系统缺陷导致2019年度营业收入和营业成本等核算混乱，审计项目组无法对营业收入、营业成本、应收账款、存货等项目实施审计程序，因此针对2019年财务报表出具否定意见审计报告。

（2）审计项目组发现B公司于2019年1月起停止经营活动，董事会拟于2019年内清算B公司。2019年12月31日，B公司账面资产余额主要为货币资金、其他应收款以及办公家具等固定资产，账面负债余额主要为其他应付款和应付职工薪酬。B公司管理层继续采用持续经营假设编制2019年度财务报表，并在财务报表附注中披露了清算方案。

（3）审计项目组发现C公司2019年12月1日行业监管部门通报将予以处罚，一旦处罚裁定将对财务报表产生重大影响。但管理层阻挠导致注册会计师无法获取充分、适当的审计证据，以评价是否存在或可能存在对财务报表产生重大影响的违反法律法规行为，注册会计师拟发表否定意见。

（4）审计D公司时，审计项目组在审计报告日前识别重大不一致，需要修改已审计财务报表而管理层拒绝修改，如果该事项对财务报表虽影响重大，但不至于出具否定意见的审计报告，注册会计师拟发表带其他事项段的保留意见，并在其他事项段中指出该事项对D

公司财务报表可能产生的影响。

（5）审计项目组发现E公司为关联方向银行借款提供信用担保，未在财务报表附注中披露。审计项目组认为该事项对财务报表使用者理解财务报表有重大影响，拟在审计报告中增加其他事项段予以说明。

（6）审计项目组针对F公司管理层不提供“其提供的信息和交易的完整性”事项的书面声明，注册会计师拟发表保留意见。

要求：针对上述第（1）至（6）项，假定不考虑其他条件，分别逐项指出注册会计师拟发表的审计意见是否恰当，如果不恰当，请指出注册会计师应当出具审计报告类型，并简要说明理由。

6. 资料一：

X公司是一家生产销售电子产品的企业，产品全部在国内销售。销售采用客户上门提货方式或客户委托物流公司上门提货方式；以客户或物流公司在提货单上签收作为确认收入的依据；ABC会计师事务所常年担任X公司的审计工作，包括财务报表审计和内部控制审计；注册会计师认为X公司的企业层面控制和信息技术一般控制是有效的。

资料二：识别重要账户、列报及其相关认定。

在确定重要账户、列报及其相关认定时，注册会计师确定销售收入和应收账款是重要账户，其相关的认定如下：

| 认定账户 | 发生/存在 | 准确性 | 完整性 | 截止 | 计价和分摊 | 分类 | 权利和义务 |
|---|---|---|---|---|---|---|---|
| 销售收入 | 是 | 是 | 是 | 是 | 不适用 | 是 | 不适用 |
| 应收账款 | 是 | 是 | 是 | 是 | 是 | 不适用 | 是 |

注：本例并未覆盖上述与销售收入和应收账款相关的所有认定，也并未覆盖与上述认定相关的所有控制，而是列举了与上述部分认定（主要是销售收入的发生、准确性、完整性和截止认定）相关的部分控制。由于资产负债表账户余额是交易的结果，因此本例也涉及应收账款的若干相关认定。

注册会计师在评估重大错报风险时认为销售收入的发生认定存在特别风险。

在财务报表审计和内部控制审计中，针对列报认定的审计程序通常不在各个业务流程实施，而是在期末财务报告流程中实施。

资料三：了解业务流程及控制。

销售与收款业务流程通常包括以下子流程：（1）订单处理；（2）发货；（3）开票；（4）收款；（5）调整（包括由于销售退回、坏账准备等导致的调整）；（6）常备数据维护；（7）系统维护（注册会计师可以将各个业务流程中有关职责分离和系统维护的流程和控制集中在一起进行了解、评估以及测试。本例中不包括这一部分程序和控制）。

销售和收款流程中常见的基本控制矩阵参见资料五。

资料四：关于基本控制矩阵的重要提示：

（1）该基本控制矩阵中设计的控制是针对运用复杂ERP系统的信息电子化程度较高的企业；

（2）注册会计师执行的工作应当基于对被审计单位实际情况的了解，而不能局限于矩阵中的基础控制；

（3）本控制列表不可作为衡量被审计单位应当存在的关键控制的最低标准或最高标准；

（4）本控制列表并非为了列举所有可能存在的关键控制，注册会计师需要考虑被审计单位的环境、业务性质及特征、信息系统等各种相关因素，评估被审计单位的风险，确定哪些控制与风险相关，并评价哪些控制是应对风险的必要控制。

根据注册会计师对X公司的了解，X公司销售流程的部分控制摘录如资料五，表中所使用的控制编号与“基本控制矩阵”中的控制编号无对应关系。

资料五：如下表：

| 控制编号 | 控制名称 | 控制目标 | 人工/自动 | 预防性/检查性 | 控制描述 |
| --- | --- | --- | --- | --- | --- |
| 订单-1 | 确定新客户的授信额度 | 调查新客户的信用状况并由恰当层级的管理人员批准新客户的授信额度 | 人工 | 预防性 | 销售员对新客户的基本信息和信用状况进行调查并填写新客户信用调查表，交给销售经理、财务经理和总经理复核批准，应收账款会计根据三位管理人员的签字批准在信息系统中添加新客户并设定赊销限额 |
| 订单-5 | 销售订单必须经过批准 | 销售条款和价格由适当层级的管理人员进行审批 | 人工 | 预防性 | 所有的销售订单均交给销售经理审核；销售经理检查客户的剩余授信额度、约定价格等信息，与订单进行核对，以决定是否批准销售订单。仓储部根据经批准的订单开具提货单，准备发货 |
| 发货-4 | 仓储经理复核装运的货物 | 发出货物的规格和数量与销售订单一致 | 人工 | 预防性 | 仓储经理每天随意抽查1~2笔出库产品，将堆放在装运区准备发送的货物，与销售订单和提货单进行核对，该程序无书面记录 |
| 发货-6 | 复核已批准未发货销售订单 | 经批准的订单及时安排发货 | 人工 | 预防性 | 销售经理每周五查看已批准未发货的销售订单汇总表，调查延迟发货的原因并予以相应处理 |
| 开票-4 | 异常交易条款须经过审批 | 发票上的价格、金额和其他信息准确 | 人工 | 预防性 | 超过预定价格范围的优惠价格和超出一定比例的折扣，必须由销售经理和总经理批准。开票人员查看了批准签名后才开具发票 |
| 开票-6 | 销售收入入账前三单核对配比 | 根据实际发生的销售，准确记录销售收入和应收账款 | 人工 | 预防性 | 应收账款会计将销售订单、客户/物流公司签收确认的提货单和发票三种单据进行核对，确认相关信息一致，再记入相应的销售收入明细账和应收账款明细账 |
| 收款-3 | 收到款项与销售订单和发票核对 | 收款记入正确的客户应收账款明细账 | 人工 | 预防性 | 应收账款会计逐笔将收到的款项与销售订单和发票进行核对，再记入对应的客户应收账款明细账冲抵对应的发票。对无法找到对应销售订单或发票的款项，与销售部门联系，调查原因并解决 |
| 收款-9 | 与客户对账以及时发现错误 | 确认的销售收入和应收账款余额准确 | 人工 | 检查性 | 向5家主要客户寄送月末应收账款余额对账单。对发现的差异进行调查，向财务经理和销售经理汇报，适当时作出调整 |

续表

| 控制编号 | 控制名称 | 控制目标 | 人工/自动 | 预防性/检查性 | 控制描述 |
|---|---|---|---|---|---|
| 调整－8 | 所有实现的销售得到及时准确记录 | 所有出库的产品均在当月确认销售 | 人工 | 检查性 | 仓储部每月编制当月产成品收发存明细表。财务经理将该表中各种产品当月出库数量与应收账款会计编制的按产品列示的当月销售收入明细表进行核对，调查差异原因并决定是否需要调整 |

要求：根据资料一至五，完成下列表格。

| 控制编号 | 控制频率 | 人工/自动 | 预防性/检查性 | 认定 | 是否关键控制 | 判断是否为关键控制的理由 |
|---|---|---|---|---|---|---|
| 订单－1 | | | | | | |
| 订单－5 | | | | | | |
| 发货－4 | | | | | | |
| 发货－6 | | | | | | |
| 开票－4 | | | | | | |
| 开票－6 | | | | | | |
| 收款－3 | | | | | | |
| 收款－9 | | | | | | |
| 调整－8 | | | | | | |

**四、综合题**（本题型 1 题，共 19 分。答案中的金额用人民币元表示，有小数点的保留两位小数，小数点两位后四舍五入。当答题区上有多个标签页时，请务必逐一点击标签查看并回答所有问题，以免漏答。作答时考生应直接将答案录入指定的答题区域中。在草稿纸上书写的所有答案无效。）

甲公司是 ABC 会计师事务所的常年审计客户，从事厨具的生产和销售，产品主要用于出口。20×9 年度甲公司税前利润为 90 万元。ABC 会计师事务所承接了甲公司 20×9 年度财务报表审计业务，并委派 A 注册会计师担任审计项目合伙人，确定财务报表整体的重要性水平为 120 万元。

资料一：

A 注册会计师在审计工作底稿中记录了对甲公司及其环境的了解情况，部分内容摘录如下：

（1）甲公司产品出口以美元定价，人民币对美元的汇率由 20×9 年初的 6.3∶1 升值至 20×9 年 11 月 1 日的 6.0∶1，之后基本保持稳定。20×9 年下半年，受国际经济环境不景气的影响，收入减少，销售价格下降了 10%。

（2）由于原部件成本上升，甲公司从20×8年下半年开始大量采购原部件，但是从20×9年11月开始原部件价格大幅下降，产品价格也有一定幅度的下降。

（3）甲公司原租用的办公楼月租金为25万元。自20×9年10月1日起，甲公司租用新办公楼，租期一年，月租金40万元，免租期3个月。

资料二：

A注册会计师在审计工作底稿中记录了所获取的甲公司财务数据，部分内容摘录如下：

金额单位：人民币万元

| 项目 | 20×9年（未审数） | 20×8年（已审数） |
| --- | --- | --- |
| 营业收入 | 3 000 | 2 500 |
| 营业成本 | 2 500 | 2 250 |
| 管理费用——租赁费 | 225 | 300 |
| 存货账面余额 | 750 | 300 |
| 减：存货跌价准备 | 187.50 | 90 |
| 存货账面价值 | 562.50 | 210 |

资料三：

A注册会计师在审计工作底稿中记录了拟实施的实质性程序，部分内容摘录如下：

（1）从营业收入明细账中抽取金额较大的销售记录，检查其是否符合收入的确认条件；

（2）将存货跌价准备本年计提数与资产减值损失相应明细项目的发生额核对是否相符；

（3）检查房屋租赁合同，确认是否存在免租期，租金与租期如何约定。

资料四：

A注册会计师在审计工作底稿中记录了审计程序的执行情况，部分内容摘录如下：

（1）A注册会计师认为，如果发生与关联方及其交易相关的财务报表项目和披露错报，即使其金额低于财务报表整体重要性，仍可能影响财务报表使用者依据财务报表作出的经济决策，因此，确定与关联方及其交易相关的财务报表项目和披露的重要性水平为150万元。

（2）20×9年，甲公司以700万元的价格向关联方购买一条生产线。A注册会计师认为该交易超出甲公司正常经营过程，很可能不存在相关的内部控制，拟直接实施实质性程序。

（3）甲公司20×9年度销售费用为900万元。A注册会计师认为重大错报风险较低，拟仅实施控制测试。

资料五：

A注册会计师在审计工作底稿中记录了评估错报及处理重大事项的情况，部分内容摘录如下：

（1）丙公司的控股股东拒绝A注册会计师接触丙公司的治理层、管理层和注册会计师。A注册会计师获取了甲集团公司管理层拥有的丙公司财务报表、审计报告及与丙公司相关的信息，在集团层面实施了分析程序，未发现异常，决定不再对丙公司财务信息执行进一步工作。

（2）A注册会计师在审计过程中与甲集团公司管理层讨论了值得关注的内部控制缺陷和内部控制的其他缺陷，因此，不再以书面形式向管理层正式通报。

（3）20×9年7月，甲集团公司更换了主要管理层成员。由于现任管理层仅就其任职期间提供书面声明，A 注册会计师向前任管理层获取了其在任时相关期间的书面声明。

（4）20×9 年 12 月，丙公司为提高产能向甲集团公司购入一条生产线。甲集团公司取得 300 万元的处置净收益，在按权益法确认对丙公司的投资收益时，未作抵销处理，并拒绝接受审计调整建议。A 注册会计师认为该错报金额重大，拟因此发表保留意见。

要求：

1. 针对资料一第（1）至（3），结合资料二，假定不考虑其他条件，逐项指出资料一所列事项是否表明可能存在重大错报风险。如果认为存在，简要说明理由，并分别说明该风险属于财务报表层次还是认定层次。如果认为属于认定层次，指出相关事项主要与财务报表中营业收入、营业成本、资产减值损失、管理费用、存货、其他应付款科目的哪些认定相关。

2. 针对资料一第（1）至（3），结合资料二，假定不考虑其他条件，逐项判断资料三所列实质性程序对发现根据资料一识别的认定层次重大错报风险是否直接有效。如果直接有效，指出资料三所列实质性程序与资料一的第几个事项的认定层次重大错报风险直接相关，并简要说明理由。

3. 针对资料四第（1）至（3）项，假定不考虑其他条件，逐项指出所列审计程序是否恰当。如不恰当，简要说明理由。

4. 针对资料五。分析 A 注册会计师的处理是否恰当。如不恰当请简要说明理由。

# 2020年注册会计师全国统一考试
# 《审计》全真模拟试题（八）参考答案及解析

## 一、单项选择题

1. 答案：D

解析：应用控制一般经过输入、处理输出等环节。

2. 答案：A

解析：选项B、C，主要与应收账款的完整性认定相关；选项D与应收账款的权利和义务认定相关。

3. 答案：D

解析：重新执行适用于控制测试。

4. 答案：C

解析：审计报告日是指审计工作完成的日期，不应早于管理层书面声明的日期；审计报告日可以晚于管理层签署已审计财务报表的日期；形成审计意见的日期就是注册会计师已经获取了所有应当获取的审计证据，并能够充分支持其审计意见的日期。审计报告日不应早于注册会计师获取充分、适当的审计证据，并在此基础上对财务报表形成审计意见的日期，选项C错误。第15号《期后事项》具体准则第十六条规定，如注册会计师对审计报告日至会计报表公布日获知的期后事项实施了追加审计程序，并已作适当处理，注册会计师可选用签署双重报告日期或更改审计报告日期的方法，即将原定审计报告日推迟至完成追加审计程序时的审计报告日。

5. 答案：D

解析：总经理已批准支付，企业在开出支票后就应入账，企业入账时间应早于银行。即使存在入账时间差，也只能导致“企业已付、银行未付”，不应导致“银行已付、企业未付”。

6. 答案：C

解析：选项C错误。注册会计师在作出接受客户关系及具体审计业务决策后，在审计业务开始前，需要与被审计单位就业务约定条款达成一致意见，签订审计业务约定书（选项C错误，选项D正确）。

7. 答案：C

解析：参见《中国注册会计师审计准则指南》第1151号。

8. 答案：A

解析：选项B、C、D属于增加不可预见性的方法，可以应对财务报表层次的重大错报风险。扩大控制测试的范围不能应对，比如财务报表层次的重大错报风险可能是来源于薄弱的控制环境，那么此时如果不打算信赖内部控制，不会实施控制测试，也不存在扩大控制测试的范围，所以选项A无法应对财务报表层次的重大错报风险。

9. 答案：B

解析：盘点存货是出纳员应当负责的，且也不属于监盘的工作内容，选项B错误。

10. 答案：C

解析：有效的沟通可能包括结构化的陈述、书面讨论以及不太正式的沟通（包括讨论），选项A不正确；如果已就某重大事项与治理层的个别成员（如审计委员会主席）讨论，注册会计师可能有必要在随后的沟通中陈述该事项，以便治理层的所有成员获取完整和对称的信息，选项B不正确；审计准则要求的与治理层沟通的所有事项无须都采用书面形式进行沟通，选项D不正确。

11. 答案：D

解析：选项A不正确，只有相关且可靠的审计证据才是高质量的；选项B不正确，审计证据的适当性影响审计证据的充分性；选项C不正确，内部控制薄弱时内部生成的审计证据可能是不可靠的，不是绝对不可靠。

12. 答案：C

解析：注册会计师应当对银行存款（包括零余额账户和在本期内注销的账户），借款及与金融机构往来的其他重要信息实施函证程序，除非有充分证据表明某一银行存款、借款及与金融机构往来的其他重要信息对财务报表不重要且与之相关的重大错报风险很低，选项A错误，只满足一个条件。注册会计师通常在资产负债日后某一天函证资产负债表日的应收账款余额，选项B错误。当同时存在下列情况时，注册会计师可考虑采用消极的函证方式：（1）重大错报风险评估为低水平；（2）涉及大量余额较小的账户；（3）预期不存在大量的错误；（4）没有理由相信被询证者不认真对待函证。选项D只满足一个条件，所以选项D错误。

13. 答案：A

解析：对于某些对财务报表具有重大影响的事项而言，比如涉及管理层的判断、意图以及仅限于管理层知悉事实的事项，可以合理预期除实施询问程序获得的证据外，不存在其他充分、适当的审计证据。在这种情况下，注册会计师应当将询问的结果取得管理层的签字确认，获取书面声明。选项B正确，获取声明以确定管理层对财务报表责任的认可；选项C属于仅限于管理层知悉事实的事项；选项D涉及管理层的意图。

14. 答案：C

解析：如果控制在剩余期间发生了变化，注册会计师不能通过实施穿行测试，将期中获取的审计证据合理延伸至期末，选项C错误。

15. 答案：D

解析：资产的流动性出现问题，通常与财务报表层次的重大错报风险有关。比如控制环境薄弱；在不稳定的国家和地区开展业务；资产的流动性出现问题；重要客户流失；融资能力受到限制；采用新的会计准则或启用新的会计信息系统；资不抵债、无法偿还到期债务等导致对持续经营能力产生重大疑虑的事项。这些很可能与财务报表层次的重大错报风险相关。

16. 答案：A

解析：在被审计单位对日常交易采用高度自动化处理的情况下，审计证据可能仅以电子形式存在，其充分性和适当性通常取决于自动化信息系统相关控制的有效性，注册会计师应当考虑仅通过实施实质性程序不能获取充分、适当审计证据的可能性。

17. 答案：C

解析：与重大非常规交易相关的特别风险可能导致更高的重大错报风险：（1）管理层更多地介入会计处理；（2）数据收集和处理涉及更多的人工成分；（3）复杂的计算或会计处理方法；（4）非常规交易的性质可能使被审计单位难以对由此产生的特别风险实施有效控制。

18. 答案：D

解析：后任注册会计师是指正在考虑接受委托或已经接受委托，接替前任注册会计师对被审计单位财务报表进行审计的注册会计师，参加竞标加入会计师事务所的注册会计师并不属于后任注册会计师。

19. 答案：A

解析：在确定内部审计人员的工作是否可能足以实现审计目标时，注册会计师应当评价的内容：（1）内部审计的客观性；（2）内部审计人员的专业胜任能力；（3）内部审计人员在执行工作时是否可能保持应有的职业关注；（4）内部审计人员和注册会计师之间是否可能进行有效沟通。

20. 答案：A

解析：书面声明的日期应当尽量接近对财务报表出具审计报告的日期，但不得在审计报告日后。书面声明应当涵盖审计报告针对的所有财务报表和期间。

21. 答案：B

解析：选项 A，管理层对持续经营能力的合理评估期间应是自财务报表日起的下一个会计期间；选项 C，如果被审计单位将不能持续经营，选用其他编制基础编制财务报表，注册会计师应当实施补充审计程序，如果认为管理层选用的编制基础是适当的，且财务报表已作出充分披露，可以出具无保留意见的审计报告，并在审计意见段之后增加强调事项段，提醒财务报表使用者关注管理层选用的其他编制基础；选项 D，如果评估期间少于财务报表日起的 12 个月，注册会计师应当提请管理层将评估期间延伸至 12 个月。

22. 答案：D

解析：选项 A 不正确，属于侵占资产的舞弊。选项 B 不正确，属于侵占资产的舞弊。选项 C 不正确，属于错误，不属于舞弊。

23. 答案：D

解析：审计方法和使用的工具可能影响审计工作底稿的格式、内容和范围，所以选项 D 错误。

24. 答案：A

解析：A 项可能存在导致集团财务报表发生重大错报的特别风险，故属于重要组成部分。属于重要组成部分集团项目组识别出的具有下列特征之一的组成部分：（1）单个组成部分对集团具有财务重大性；（2）由于单个组成部分的特定性或情况，可能存在导致集团财务报表发生重大错报的特别风险。

25. 答案：D

解析：会计估计的不确定性是对未知的事项的描述。选项D已经有了实际结果之后，就不存在估计的这种不确定性了，这时候可以直接确定会计估计的准确与否。与会计估计相关的估计不确定性的程度受下列因素的影响：（1）会计估计对判断的依赖程度；（2）会计估计对假设变化的敏感性；（3）是否存在可以降低估计不确定性的经认可的计量技术（当然，作为输入数据的假设，其主观程度仍可导致估计不确定性）；（4）预测期的长度和从过去事项得出的数据对预测未来事项的相关性；（5）是否能够从外部来源获得可靠数据；（6）会计估计依据可观察到的或不可观察到的输入数据的程度。

## 二、多项选择题

1. 答案：ABCD

解析：《中国注册会计师审计准则问题解答第1号——职业怀疑》。

2. 答案：ACD

解析：注册会计师应当及时编制审计工作底稿，以实现下列目的：（1）提供充分、适当的记录，作为出具审计报告的基础；（2）提供证据，证明注册会计师已按照审计准则和相关法律法规的规定计划和执行了审计工作。除上述目的外，编制审计工作底稿还可以实现下列目的：（1）有助于项目组计划和执行审计工作；（2）有助于负责督导的项目组成员按照《中国注册会计师审计准则第1121号——对财务报表审计实施的质量控制》的规定，履行指导、监督与复核审计工作的责任；（3）便于项目组说明其执行审计工作的情况；（4）保留对未来审计工作持续产生重大影响的事项的记录；（5）便于会计师事务所按照《质量控制准则第5101号——会计师事务所对执行财务报表审计和审阅、其他鉴证和相关服务业务实施的质量控制》的规定，实施质量控制复核与检查；（6）便于监管机构和注册会计师协会根据相关法律法规或其他相关要求，对会计师事务所实施执业质量检查。编制审计工作底稿的目的不包括方便后任注册会计师查阅。

3. 答案：ABD

解析：基于会计分录测试的目的，注册会计师可将被审计单位的会计分录和其他调整分为：标准会计分录、非标准会计分录和其他调整，选项C错误。

4. 答案：ABCD

解析：参见《中国注册会计师执业准则应用指南》上册，第314页。

5. 答案：ABD

解析：系统复杂度和距离上一次系统架构重大变更的时间，是评估自行研发系统复杂度时的考虑，选项C错误。

6. 答案：ABD

解析：选项C，应当将所有已支付现金的项目作为总体比较适当。

7. 答案：BC

解析：评估的重大错报风险越高，可接受差异额越低；重要性影响可接受差异额。

8. 答案：ABD

解析：选项 A，业务质量控制适用于会计师事务所执行的所有业务；选项 B，会计师事务所的主任会计师对业务质量控制制度承担最终领导责任；选项 C，质量控制准则是每一个会计师事务所必须遵循的管理标准，不是每个注册会计师都必须遵守的技术标准。

9. 答案：ABD

解析：事务所的领导层应当树立质量至上的意识。事务所应当通过下列措施实现质量控制的目标：（1）合理确定管理责任，以避免重商业利益轻业务质量；（2）建立以质量为导向的业绩评价、薪酬及晋升的政策和程序；（3）投入足够的资源制定和执行质量控制政策和程序，并形成相关文件记录。

10. 答案：BD

解析：选项 A 错误，如果拟信赖以前审计获取的有关控制运行有效性的审计证据，注册会计师应当通过询问并结合观察或者检查程序获取这些控制是否已经发生变化的审计证据；选项 C 错误，如果拟信赖的控制在本期未发生变化，注册会计师应当运用职业判断决定是否在本期测试其运行的有效性。

## 三、简答题

1. 答案：

（1）恰当。

（2）不恰当。对和被审计单位沟通拟检查的范围，在拟检查的存货项目上作出标识，会降低审计程序的不可预见性，注册会计师应尽可能地避免被审计单位了解自己将抽取测试的存货项目。

（3）不恰当。在检查存货时，注册会计师应当从存货盘点记录中选取项目追查至存货实物，以测试盘点记录的准确性；注册会计师还应当从存货实物中选取项目追查至存货盘点记录，以测试存货盘点记录的完整性。

（4）不恰当。还应考虑指令和程序是否得到执行。

（5）不恰当。盘点存货是 W 公司管理层的责任，注册会计师不应替被审计单位盘点存货。

（6）不恰当。所有已确认为销售但尚未装运出库的商品是否均未包括在盘点范围内。

2. 答案：

| 事项序号 | 是否可能违反（是/否） | 理由 |
| --- | --- | --- |
| （1） | 是 | 收购日后乙公司成为甲公司的关联实体，A 注册会计师及其主要近亲属不得在乙公司拥有直接经济利益，应在收购生效日前处置该直接经济利益，得知持有该直接经济利益后立即处置该利益，否则将因自身利益对独立性产生严重不利影响<br>依据：《中国注册会计师职业道德守则第 4 号——审计和审阅业务对独立性的要求》 |

续表

| 事项序号 | 是否可能违反（是/否） | 理由 |
| --- | --- | --- |
| (2) | 是 | 该交易金额对 B 注册会计师而言较大，可能因自身利益对独立性产生不利影响<br>依据：《中国注册会计师职业道德守则第 4 号——审计和审阅业务对独立性的要求》 |
| (3) | 否 | 由审计项目组以外的人员提供该税务服务，且未承担管理层职责，一般不会对独立性产生不利影响<br>依据：《中国注册会计师职业道德守则第 4 号——审计和审阅业务对独立性的要求》 |
| (4) | 是 | XYZ 公司为甲公司寻找、识别收购对象，可能承担管理层职责，将因自我评价/过度推介对独立性产生不利影响<br>依据：《中国注册会计师职业道德守则第 4 号——审计和审阅业务对独立性的要求》 |
| (5) | 是 | 该项服务属于内审服务，因其涉及与财务报告相关的内部控制，将因自我评价对独立性产生严重不利影响<br>依据：《中国注册会计师职业道德守则第 4 号——审计和审阅业务对独立性的要求》 |
| (6) | 是 | 属于职业道德守则禁止的商业关系，将因自身利益/外在压力对独立性产生严重不利影响<br>依据：《中国注册会计师职业道德守则第 4 号——审计和审阅业务对独立性的要求》 |

3. 答案：

（1）不恰当。集团项目组参与组成部分注册会计师实施的风险评估程序中，除了与组成部分注册会计师或组成部分管理层讨论对集团而言重要的组成部分业务活动外，还应当与组成部分注册会计师讨论由于舞弊或错误导致组成部分财务信息发生重大错报的可能性，以及复核组成部分注册会计师对识别出的导致集团财务报表发生重大错报的特别风险形成的审计工作底稿。

（2）恰当。如果集团项目组认为对重要组成部分财务信息执行的工作、对集团层面控制和合并过程执行的工作以及在集团层面实施的分析程序还不能获取形成集团审计意见所依据的充分、适当的审计证据，集团项目组应当选择某些不重要的组成部分，并对已选择的组成部分财务信息亲自执行或由代表集团项目组的组成部分注册会计师执行下列一项或多项工作，比如，使用组成部分重要性对组成部分财务信息实施审计；对一个或多个账户余额、一类或多类交易或披露实施审计；使用组成部分重要性对组成部分财务信息实施审阅；实施特定程序。

（3）不恰当。组成部分注册会计师确定 E 组成部分重要性不恰当，重要组成部分的重要性应当由集团项目组基于集团审计目的为组成部分确定；同时，E 组成部分财务信息的实际执行的重要性水平应当得到集团项目组的复核或评价，应当低于 300 万元（$400\times75\%$）。因此，集团项目组不能利用 E 组成部分注册会计师的工作结果。

（4）不恰当。集团项目组针对 J 组成部分财务信息实施审阅时，也应当使用重要性。

（5）恰当。集团项目组根据其对组成部分注册会计师的了解，参与组成部分注册会计师的工作方式包括：①与组成部分管理层或组成部分注册会计师会谈，获取对组成部分及其环境的了解；②复核组成部分注册会计师的总体审计策略和具体审计计划；③实施风险评估程序，识别和评估组成部分层面的重大错报风险；④设计和实施进一步审计程序；⑤参加组成部分注册会计师与组成部分管理层的总结会议和其他重要会议；⑥复核组成部分注册会计师的审计工作底稿的其他相关部分等。

（6）恰当。针对非重要组成部分，集团项目组仅需要在集团层面实施分析程序；同时，针对计划的审计范围和时间安排的事项，应当属于集团项目组对集团治理层沟通内容之一。

4. 答案：

（1）发现的缺陷是否与一个或多个财务报表认定直接相关？

由于该缺陷涉及支出，直接影响财务报表认定。

（2）该项缺陷是否可能不能防止或发现并纠正财务报表错报？

是，付款没有得到审批，有可能导致错报。

（3）该项缺陷可能导致财务报表潜在错报的金额大小？

支出涉及的总金额是1 600万元，大于1 000万元的重要性水平。

（4）是否存在补偿性控制，并以一定的精确度有效运行，足以防止或发现财务报表重大错报？

经了解和测试，维修与维护服务环节存在下列补偿性控制：①维修与维护服务环节的采购订单审批和发票审批流程中存在权限分离机制，因此采购订单审批和付款发票审批需要多人合作进行（已测试且该控制有效）；②对采购订单的审批与政策保持一致（已测试且该控制有效）；③每月将实际支出与成本及上季度数据进行对比。对于误差，差异容忍度为100万元，对于差异大于100万元的情况会进行调查（已测试且控制有效）；④足以防止或发现财务报表重大错报。

（5）该缺陷的重要程度是否足以引起负责监督企业财务报告的相关人员的关注？

否。因为该缺陷为一般缺陷。

5. 答案：

（1）不恰当。应当出具无法表示意见审计报告。理由：无法获取充分、适当的审计证据，对财务报表影响重大且广泛。

（2）不恰当。应当出具否定意见审计报告。理由：B公司持续经营假设不适当。

（3）不恰当。应当出具保留意见或无法表示意见的审计报告。理由：管理层阻挠而无法获取充分、适当的审计证据，以评价是否存在或可能存在对财务报表产生重大影响的违反法律法规行为，注册会计师应当根据审计范围受到限制的程度，发表保留意见或无法表示意见。

（4）不恰当。应当出具保留意见审计报告，不能在保留意见段后增加其他事项段。理由：该事项对财务报表虽影响重大，但不至于出具否定意见的审计报告，注册会计师应当出具保留意见的审计报告。

（5）不恰当。应当出具保留或否定意见的审计报告。理由：E公司财务报表存在应披露而未披露的重大事项时，应发表保留或否定意见，而不是在审计报告的其他事项段中说明。

（6）不恰当。应当出具无法表示意见的审计报告。理由：管理层应当针对“其提供的信息和交易的完整性”事项提供书面声明，否则注册会计师应当对财务报表发表无法表示意见。

6. 答案：

| 控制编号 | 控制频率 | 人工/自动 | 预防性/检查性 | 认定 | 是否关键控制 | 判断是否为关键控制的理由 |
|---|---|---|---|---|---|---|
| 订单－1 | 不定期 | 人工 | 预防性 | 发生；计价 | 否 | 该项控制属于销售交易发起之前的控制，侧重于企业的经营效率效果，与销售收入的发生认定和计价认定只有间接的联系（发生——产品只销售给真实的经授权的客户；计价——执行客户信用管理，避免应收账款无法收回的损失），但不直接针对这些认定 |
| 订单－5 | 不定期 | 人工 | 预防性 | 发生 | 是 | 该项控制与销售收入的发生认定直接相关，能够防止未经授权的销售行为，是企业确保销售收入真实有效且经过适当授权的重要手段 |
| 发货－4 | 每天1次 | 人工 | 预防性 | 准确性 | 否 | 该项控制具有随意性，不够精确，而且未留下书面记录，注册会计师只能观察和询问，而无法实施检查程序以测试该控制的有效性 |
| 发货－6 | 每周1次 | 人工 | 预防性 | 不适用 | 否 | 该项控制旨在确保企业的经营效率和服务质量，与财务报告认定无关，不属于财务报告内部控制 |
| 开票－4 | 不定期 | 人工 | 预防性 | 存在/发生 | 否 | 该项控制的目的是严格限制价格优惠和折扣，侧重于提高企业的经营业绩。而且X公司销售业务中超出既定价格或折扣的情况极少发生，导致财务报表重大错报的可能性很小 |
| 开票－6 | 每天数次 | 人工 | 预防性 | 发生；准确性；存在；准确性 | 是 | 该项控制是针对企业常规交易的应用控制，通过各种单据相关信息的互相核对达到控制目标，执行过程精确，而且能同时涵盖销售收入的发生认定和准确性认定，以及应收账款的存在认定和准确性认定 |
| 收款－3 | 每天数次 | 人工 | 预防性 | 准确性；权利和义务 | 是 | 该项控制是针对企业常规交易的应用控制，通过各种单据相关信息的互相核对达到控制目标，执行过程精确，对应收账款贷方发生额的准确性认定起到关键作用 |
| 收款－9 | 每月1次 | 人工 | 检查性 | 准确性；完整性；存在/发生；权利和义务；计价 | 否 | 该项控制针对的是一小部分客户，对账单只包括应收账款余额，未包括发生的销售交易金额，涵盖范围较小。其执行效果受到客户的配合程度、内部控制及财务信息质量的影响；其所针对的认定还有其他控制可以涵盖 |
| 调整－8 | 每月1次 | 人工 | 检查性 | 完整性；截止 | 是 | 该项控制与销售收入的完整性认定和截止认定直接相关，能够有效发现并纠正与这些认定相关的重大错报，将不同部门提供的信息进行互相核对，控制的执行较为精确 |

解析：参见《企业内部控制审计指引》（财会〔2010〕11号）及《企业内部控制审计工作底稿编制指南》。

## 四、综合题

答案：

1.

| 事项序号 | 是否表明存在重大错报风险（是/否） | 理由 | 重大错报风险属于财务报表层次还是认定层次 | 交易或账户名称和认定 |
|---|---|---|---|---|
| (1) | 是 | 在人民币升值和销售价格下降的情况下，毛利率不降反升，可能存在人为多计营业收入、少计营业成本的错报风险 | 认定层次 | 营业收入：发生<br>营业成本：完整性<br>存货：存在 |
| (2) | 是 | 原部件大幅降价，但是存货跌价准备的计提比例从去年的30%降低为今年的25%，存在少计提存货跌价准备的错报风险 | 认定层次 | 存货：计价和分摊<br>资产减值损失：完整性 |
| (3) | 是 | 应在免租期内确认租金费用和负债，存在少计管理费用和负债的风险。甲公司20×9年应入账办公楼租金管理费用为：25×9+［40×（12-3）÷12］×3=315（万元），但是财务数据显示，甲公司20×8年已确认管理费用——租赁费225万元 | 认定层次 | 管理费用：完整性<br>其他应付款：完整性 |

2.

| 事项序号 | 资料三所列实质性程序对发现根据资料一识别的认定层次重大错报风险是否直接有效（是/否） | 与资料一的第几个事项的认定层次重大错报风险直接相关 | 理由 |
|---|---|---|---|
| (1) | 是 | (1) | 通过从营业收入明细账中抽取金额较大的销售记录，能发现是否存在多计营业收入的情况 |
| (2) | 否 | | |
| (3) | 是 | (3) | 检查租赁合同详细条款，能发现租金是否存在的少计 |

3.

（1）是。

（2）否。超出正常经营过程的重大关联方交易应确定为特别风险，应了解相关的内部控制。

（3）否。针对重大类别的交易仅实施控制测试不足够/应针对重大类别的交易实施实质性程序。

4.

（1）是。

（2）否。A 注册会计师向管理层通报值得关注的内部控制缺陷应当采取书面形式。

（3）否。A 注册会计师应向现任管理层获取涵盖审计报告提及的所有期间的书面声明。

（4）否。甲集团公司应当按持股比例抵销与联营企业之间发生的内部交易损益。